# Abrir a Janela da Alma

**Dados Internacionais de Catalogação na Publicação (CIP)**
**(Câmara Brasileira do Livro, SP, Brasil)**

Grün, Anselm
　Abrir a janela da alma : os grandes místicos cristãos e suas orações / Anselm Grün ; tradução de Gabriela Freudenreich. – Petrópolis, RJ : Vozes, 2017.

　Título original : Das Fenster der Seele öffnen : Christen und ihre Gebete vom Mittelalter bis heute

　ISBN 978-85-326-5345-1

　1. Cristãos 2. Experiência religiosa 3. Oração I. Título.

16-07417　　　　　　　　　　　　　　CDD-248.32

Índices para catálogo sistemático:
1. Místicos cristãos : Oração : Experiência religiosa : Cristianismo　248.32

# Anselm Grün

# Abrir a Janela da Alma

Os grandes místicos
cristãos e suas orações

Tradução de Gabriela Freudenreich

Petrópolis

© 2013 Präsenz Verlag
Gnadenthal, 65597 Hünfelden

Título do original em alemão: *Das Fenster der Seele öffnen. Christen und ihre Gebete vom Mittelalter bis heute*
Anselm Grün
Editado por Ulrike Voigt

Direitos de publicação em língua portuguesa:
2017, Editora Vozes Ltda.
Rua Frei Luís, 100
25689-900 Petrópolis, RJ
www.vozes.com.br
Brasil

Todos os direitos reservados. Nenhuma parte desta obra poderá ser reproduzida ou transmitida por qualquer forma e/ou quaisquer meios (eletrônico ou mecânico, incluindo fotocópia e gravação) ou arquivada em qualquer sistema ou banco de dados sem permissão escrita da editora.

**CONSELHO EDITORIAL**

**Diretor**
Gilberto Gonçalves Garcia

**Editores**
Aline dos Santos Carneiro
Edrian Josué Pasini
José Maria da Silva
Marilac Loraine Oleniki

**Conselheiros**
Francisco Morás
Leonardo A.R.T. dos Santos
Ludovico Garmus
Teobaldo Heidemann
Volney J. Berkenbrock

**Secretário executivo**
João Batista Kreuch

*Editoração*: Gleisse Dias dos Reis Chies
*Diagramação*: Sheilandre Desenv. Gráfico
*Revisão gráfica*: Nilton Braz da Rocha
*Capa*: Sandra Bretz
*Ilustração de capa*: © Raisa Kanareva | Shutterstock

ISBN 978-85-326-5345-1 (Brasil)
ISBN 978-3-87630-226-3 (Alemanha)

Editado conforme o novo acordo ortográfico.

Este livro foi composto e impresso pela Editora Vozes Ltda.

# Sumário

*Introdução*, 7

Francisco de Assis (1181/1182-1226), 35

As místicas de Helfta, 42

    Matilde de Magdeburg (aproximadamente 1207-1282), 45

    Gertrudes a Grande (1256-1301/1302), 47

    Matilde de Hackeborn (1241-1299), 51

Martinho Lutero (1483-1546), 53

Jeanne-Marie Guyon du Chesnoy (1648-1717), 64

Matthias Claudius (1740-1815), 70

Søren Kierkegaard (1813-1855), 78

Charles de Foucauld (1858-1916), 84

Dietrich Bonhoeffer (1906-1945), 94

Dom Helder Camara (1909-1999), 104

Madre Teresa (1910-1997), 115

Irmão Roger (1915-2005), 123

Martin Gutl (1942-1994), 134

Dorothee Sölle (1929-2003), 144

*Orações famosas*, 155

*Documentos e fontes*, 164

# Introdução

Orar é uma questão pessoal. Cada um ora para si mesmo, usando as palavras que expressam a sua situação diante de Deus. Também rezamos juntos em nossos cultos. A oração que mais rezamos é o Pai-nosso. São as palavras que o próprio Jesus nos ensinou a rezar. Ele nos presenteou com essas palavras para que possamos evoluir cada vez mais em sua postura diante de Deus. Para o Evangelho de Mateus, as palavras do Pai-nosso são a chave para a verdadeira vida cristã. Porque essas palavras são, em seguida, interpretadas pelo Sermão da Montanha. Elas pretendem nos levar a uma nova atitude.

Apesar de cada um de nós rezarmos para nós mesmos e de precisarmos encontrar as nossas próprias palavras, gostamos de fazer uso de orações escritas por terceiros. Nessas orações, nos aproximamos do espírito de cada um desses orantes. Assim como no Pai-nosso encontramos o Espírito de Jesus, nas outras orações desejamos sentir o espírito de seus autores e deixar-nos inspirar por elas. Não conseguimos rezar as orações de autores ou entidades espirituais como rezamos o Pai-nosso. Mas, de tempos em tempos, a oração que outra pessoa redigiu em sua busca pessoal por Deus consegue expressar os nossos sentimentos perante Ele. E, por vezes, a oração do outro consegue nos colocar em contato, pela primeira vez, com as nossas próprias emoções, ocultas sob a superficialidade das nossas preocupações diárias e que, por sua vez, ameaçam nos sufocar. Assim, as orações de terceiros enriquecem as nossas próprias orações. Elas nos encorajam a encontrar as nossas próprias palavras ao rezar e a expressar os nossos sentimentos ocultos perante Deus.

Neste livro você terá a oportunidade de ler e de meditar com as orações de grandes orantes. Mas orar não significa apenas rezar com palavras. Em latim, a palavra orar – *orare* – de fato descreve a reza oral, a produção oral de palavras com que rezamos. No entanto, orar vai além de produzir palavras. Muitas vezes Jesus passava a noite toda em silêncio diante de Deus. Não produzia muitas palavras, apenas estava na presença dele. Ele buscava o silêncio perante Deus. O silêncio era uma fonte de inspiração e, claramente, uma ajuda para alinhar a sua vida segundo a vontade de Deus e tomar decisões. Assim, por exemplo, após uma noite de oração Jesus chamou os seus discípulos. Na oração, evidenciou-se quem Ele poderia receber no círculo dos apóstolos (cf. Lc 6,12ss.).

O que aconteceu quando Jesus passou a noite orando diante de Deus? Eu imagino que Jesus tenha encontrado o seu Pai no silêncio da noite. Ele abriu o seu coração para Ele, o silêncio o purificou dos ruídos das pessoas, aos quais tantas vezes era exposto durante o dia. E, assim, pôde ser preenchido pelo Espírito de seu Pai. Estava próximo de seu Pai, encontrou-o em sua oração. Acredito que essa seja a essência da oração: ela é o encontro com Deus. O encontro transforma. Eu saio do encontro diferente do modo como entrei. No encontro com Deus sempre encontro também a mim mesmo, mas de uma maneira nova. Eu me vejo na luz de Deus. No encontro com Deus reconheço quem eu realmente sou. O encontro com Deus não me aponta apenas os meus erros e pontos fracos, e apenas os meus lados sombrios, mas também a minha verdadeira vocação e minha dignidade divina. Evágrio Pôntico, um Pai do Deserto do século IV, vê na oração o local em que o homem encontra a sua maior dignidade, a dignidade de ser preenchido pelo Espírito de Deus. Na oração, descubro que sou filho e filha de Deus, que a Terra não tem poder sobre mim. O encontro não é apenas algo externo, como seu significado literal sugere. Pelo contrário, no encontro algo acontece no meu interior. Sou tocado em meu coração. Entro em contato com a minha essência. No fundo do meu coração, acontece uma transformação interior. Sou penetrado pelo Espírito de Deus e, após o encontro, pensarei e sentirei, falarei e agirei diferente.

Como nenhum outro evangelista, Lucas sempre nos falou da oração de Jesus. Sendo que a oração, muitas vezes, é a permanência silenciosa diante de Deus – por vezes, a noite inteira. Mas Lucas também nos fala das palavras com que Jesus orou. E não apenas do Pai-nosso, que Jesus ensina aos discípulos quando o perguntaram como deveriam orar. O Evangelho de Lucas fala expressamente dos discípulos pedindo a Jesus que os ensine o que e como rezar. Portanto, Jesus lhes mostra com que palavras devem orar, e com que postura. Ele relata-lhes dois exemplos para demonstrar que deveriam falar com Deus como um amigo, e como um bom Pai (Lc 11,5-13). Mas Lucas também relata que Jesus falou palavras concretas na oração. Assim, o evangelista, acompanhando a morte de Jesus na cruz, relata: "Pai, perdoa-lhes, porque não sabem o que fazem" (Lc 23,34). E Jesus morre, orando: "Pai, nas tuas mãos entrego o meu Espírito" (Lc 23,46). Ambas as orações na cruz revelam que Jesus transforma a situação através da oração. Ele transforma a situação do ódio e da inquietação agressiva em um ambiente de paz e reconciliação. Ele tranquiliza as turbulências nos corações dos assassinos através de suas palavras de perdão. E a sua última palavra na cruz transforma a sua morte. Não é mais uma morte cruel como a que os romanos tinham por objetivo com a punição mais severa que conheciam. Ao contrário, é uma morte suave, um deixar-se cair nos braços amorosos e acolhedores de Deus.

E esta também é, para nós, a promessa contida nas orações que podemos ler neste livro. As palavras por meio das quais pessoas orantes transformaram a sua situação também podem nos ajudar a transformar o nosso medo em coragem, a nossa solidão em união, o nosso abandono em proteção, a nossa escuridão em luz, a nossa tristeza em alegria e o nosso desespero em esperança.

Ao ler as orações neste livro e entregá-las ao seu coração durante a meditação, você, caro leitor, cara leitora, entrará em contato com as experiências vividas pelos orantes com suas orações. E você poderá perceber a transformação da própria vida através das palavras das orações de terceiros. Ao repetir ou ao sentir essas palavras, será preenchido(a) pelo Espírito que inspirou essas palavras ao orante. E você vivenciará o fortalecimento, o consolo e a ajuda que os orantes receberam em suas orações.

Mas este livro não trata apenas de orações de terceiros, mas também das experiências vividas por essas pessoas. Essas pessoas também escrevem sobre a oração e sobre o que acontece durante a oração. Nem sempre você terá as mesmas experiências que os autores desses textos tiveram durante a oração. Mas talvez a experiência dos outros o aproxime de experiências suas de que você ainda não tenha se conscientizado. Ao ler sobre a experiência dos outros, você descobrirá o que também já sentiu uma vez, mas que não soube explicar ainda. Assim, os autores emprestam-lhe palavras para expressar adequadamente as suas próprias experiências.

Nesta introdução, quero falar rapidamente sobre os autores, suas orações e experiências na oração, para que os textos escritos há tanto tempo possam agir sobre a sua própria situação.

### Francisco de Assis

Francisco provavelmente foi o santo que, com o seu modo de vida, mais se aproximou de Jesus. Ele irradiava o amor de Jesus. E esse amor era marcado, por um lado, pela alegria; mas, por outro lado, também pela renúncia e pelo forte ascetismo. No entanto, em suas orações não sentimos nada dessa dureza. Suas orações são marcadas pela humildade e, ao mesmo tempo, pela serenidade e pela alegria. A oração na hora da conversão é simples e trivial. Francisco dirige-se a Deus como o Altíssimo e Glorioso. É uma visão de Deus diferente da nossa. Ainda assim, essa forma de tratamento expressa algo essencial. Francisco sentia-se profundamente tocado pela beleza e grandiosidade de Deus. E é a este Deus que ele agora ousa falar com palavras simples. Que Deus ilumine as trevas de seu coração e lhe dê senso e conhecimento para cumprimento de seu verdadeiro mandamento. E lhe dê o que, para um cristão, são as virtudes essenciais para o seu caminho: fé, esperança e amor.

A oração mais conhecida com que Francisco nos presenteou é o Cântico do Irmão Sol. São inúmeras as traduções e gravações. Aqui, Francisco também se dirige a Deus como o Altíssimo, Onipotente, mas também como Bom Senhor. A fascinação pela grandiosidade de Deus está associada à percepção da sua imensa bondade e da sua mansidão. Francisco experimenta essa bondade de Deus em sua criação. Assim, nessa oração ele convida todas as criaturas a louvar a Deus. O convite às criaturas é cheio de confiança e de ternura. E então Francisco chama o sol de seu irmão. O sol nos dá a sua luz e é belo. Em sua beleza, reflete o esplendor de Deus. Eis uma característica importante da experiência de oração de São Francisco. Sua oração é menos súplica e mais louvor. E sua oração expressa sua admiração pelo esplendor de Deus, que se reflete na criação. A oração é uma resposta à maravilhosa experiência do esplendor. Este faz bem ao ser humano, torna-o esplêndido. É uma dádiva. O louvor refere-se a todas as dádivas divinas. Francisco já estava muito doente quando escreveu esse lindo cântico. Ele não vê suas dores, mas o esplendor à sua volta. Refere-se ao esplendor do sol, mas também da lua e das estrelas, como "belo e precioso". Assim, a oração transforma a sua experiência de sofrimento, transforma-se em louvor ao esplendor da criação, e em um diálogo íntimo com Deus, um diálogo cheio de ternura e amor.

Deus cuida do homem através de sua criação. Assim, Francisco olha para o irmão vento, as nuvens e o céu claro, o tempo, através do qual Deus dá sustento a todas as criaturas. E ele tem fascínio pela água, à qual chama sua irmã. Ele se refere à água como "útil, humilde, preciosa e casta". Nota-se a sensibilidade de Francisco diante de tudo que ele observa e percebe. Para ele, tudo se transforma na imagem da bondade e do esplendor de Deus, da amorosa solicitude de Deus conosco. E Francisco sente-se ligado a tudo. Por isso chama as criaturas de irmãos e irmãs. Chama o fogo de irmão que ilumina a noite. Este irmão também é belo e jucundo, vigoroso e forte. E ele agradece à mãe Terra que presenteia as pessoas com frutos, belas flores e ervas terapêuticas e plantas nutritivas.

E então Francisco olha para os homens. E conecta-se principalmente àqueles que perdoam e, através do amor de Deus, suportam enfermidades e tribulações. Por fim, chama a morte de sua irmã. A morte também deve louvar a Deus. Ela também é uma graça divina para os homens. E aquele que a vivenciar conforme a vontade de Deus será louvado. As últimas duas estrofes descrevem o peso da vida, mas em uma linguagem que transforma a amargura em doçura, o peso em leveza serena. Eis provavelmente a experiência mais profunda de Francisco na oração: a nossa vida se transforma. O pesado torna-se leve; o amargo, doce; as dores se transformam em amor, e a morte, em vida.

No louvor a Deus que Francisco escreveu para Frei Leão ele dirige-se a Deus com maravilhosos atributos. Ele aproxima-se do eterno e infinito Deus dirigindo-se diretamente a Ele. Vós sois forte, Vós sois grande, Vós sois Altíssimo. E então Francisco encontra todas as características que tornam Deus fascinante a todos nós:

Vós sois amor, caridade, sabedoria, humildade, paciência, mansidão, alegria, beleza, gozo. Essas características revelam a visão que Francisco tinha de Deus. Deus é quem lhe dá tranquilidade. Deus é a beleza que admiramos e que nos torna belos ao admirá-la. E Deus é a fonte de toda a alegria. Nessa oração também sentimos novamente a tensão entre o Deus santo e glorioso e o Deus íntimo que presenteia os homens com todos os bons dons. Em Deus encontramos tudo o que buscamos: tranquilidade, sabedoria, alegria, beleza, força.

### Matilde de Magdeburg

Matilde de Magdeburg teve uma vida atribulada até chegar ao convento de Helfta, onde passou os últimos anos de sua vida. O desejo por Deus, pela *Luz que flui da divindade* (segundo o título de seu livro), motivou-a por toda a sua vida a entregar-se totalmente a Deus e a conviver com o divino esposo. Esse desejo por Deus também é expresso em sua oração, que é literalmente um diálogo. Inicialmente, Matilde conversa com Deus. A sua maior felicidade é poder dialogar sinceramente com Ele. A oração é um refúgio quando ela se sente acuada por inimigos. E então ela se refugia em Deus, e pode conversar com Ele sobre tudo que a oprime. Deus debruça-se sobre ela, e toca as cordas de sua alma para despertar o seu amor. Nesse amor, Matilde deseja ser erguida por Deus. E então ela se torna pura e clara. Sozinha dentro de si, ela permaneceria nas trevas e na dor. Para Matilde, a oração expressa o seu desejo de união com Deus e, em Deus, entrar em contato com sua imagem original, clara e pura que Ele fez dela.

Mas a oração também é uma resposta de Deus para os homens. Matilde permite que Deus responda. Deus precisa se conter, pois Ele não pode se revelar em toda a sua luz, ou Matilde teria que morrer. Deus a mantém propositadamente em sua vida terrena com a sua melancolia, para que o seu amor por Ele se aprofunde cada vez mais e ela continue desejando por Deus. Dessa forma, ela se abre para a verdadeira beleza que Deus lhe revelará quando a levar consigo. Mas Deus não deixa Matilde apenas esperar. Desde já, Ele a toca com sua música divina, para que ela se torne capaz de se entregar e esperar por Ele. A noiva e o noivo também precisam esperar um pelo outro para que o seu amor se aprofunde.

Para Matilde, a oração é um diálogo com Deus em que ela expressa o seu desejo e, ao mesmo tempo, recebe consolo e conforto. Ao responder à sua oração, Deus a fortalece em seu caminho e a torna capaz de segui-lo na direção de Deus, mesmo quando é ameaçada. Através dessa experiência, até hoje Matilde deseja nos encorajar a sempre retomar o caminho para Deus, mesmo que, longe dele, estejamos sofrendo, até mesmo quando aqui somos contestados pelos homens. Para nós, a oração é um refúgio em que podemos nos proteger das ameaças do mundo. E a oração nos fortalece para seguirmos o nosso caminho até sermos elevados por Deus, para nos unirmos a Ele para sempre.

Na segunda oração, Matilde louva a Deus pela sua atitude com ela, que a salva através da sua misericórdia, a honra com a sua humildade de se tornar homem através de seu Filho, e a ilumina com a sua luz. Deus é sempre visto nessa relação com ela. Deus não está distante, mas é alguém que age por nós. Na oração, reconhecemos o que Deus diariamente faz por nós. Ele nos presenteia com tudo de que precisamos para viver. Ele é quem confere à nossa vida a sua dignidade e vivacidade.

**Gertrudes a Grande**

A outra grande mística de Helfta, Gertrudes a Grande, é caracterizada pela sua devoção ao Sagrado Coração de Jesus. Em uma visão, Jesus aproxima-se de seu coração e relaciona-se intimamente com ela, como um noivo com sua noiva e um rei com a rainha. Gertrudes apenas precisa entrar em seu próprio coração, conscientizar-se dele e entrar em contato com ele, e então sente a presença amável e curadora de Jesus em seu coração. Para a oração, isso significa: recolher-se em seu próprio coração para lá estar com Jesus, seu noivo e seu rei. Ali, ela se vivencia de outra forma. Ela se vê como amante e rainha, como uma mulher com vida própria, e não vivida e comandada por outros.

Mas ela também vive outra experiência. Jesus feriu o seu coração. Assim como o seu coração fora ferido pela lança de um soldado, Jesus feriu o seu coração com sua própria ferida de amor. E essa ferida faz com que Gertrudes se abra ao amor de Jesus. O coração ferido é, também, o coração amável. Porque a ferida a faz lembrar-se do amor de Jesus, que a feriu, e do seu próprio amor, que escorre de sua ferida em direção a Ele.

No entanto, não é só da beleza do amor de Jesus que Gertrudes experimenta, mas também da sua própria desorientação e excitação, e ela sente o mal dentro de si. Nesses momentos, ela não ousa desejar a proximidade de Jesus. No entanto, em sua visão Jesus a encoraja a procurá-lo justamente nessas horas. Porque somente assim ela conseguirá resistir ao mal. E justamente assim o seu amor pode aprofundar-se. Pois Gertrudes sente a distância dela para com Jesus e a grandiosidade do seu amor, que se volta para ela apesar de ela ter-se fechado e de ter-se deixado influenciar pelo mal. O mistério da graça é maior que a nossa culpa.

Gertrudes relata outra experiência que todos nós conhecemos. Deus não atende a todos os nossos pedidos. Apesar de Ele mostrar-se através de seu amor, muitos de nossos desejos permanecem ignorados e desatendidos. Jesus explica que, assim, Ele vê melhor o que realmente lhe falta. O orante muitas vezes parece-se com uma pessoa cega para o que está oculto atrás de si. E acaba pedindo algo equivocado. O horizonte de Jesus, no entanto, é maior. Ele vê de que o suplicante realmente precisa. Essa resposta de Jesus para Gertrudes pode não nos satisfazer sempre. Mas é, ao menos, uma tentativa de explicar a falta de atendimento aos nossos pedidos. Muitas vezes, pedimos por coisas de que acreditamos precisar muito. Mas Jesus vê que estamos pedindo pelo errado. Assim, responde de uma forma que não compreendemos, mas que, por fim, nos faz bem. Essa imagem nos faz perceber que Jesus sempre ouve as nossas súplicas, mas que é sempre Ele quem decide o que nos faz bem. Devemos acreditar que é para o nosso bem, mesmo que, muitas vezes, não consigamos compreender.

**Matilde de Hackeborn**

Matilde de Hackeborn é a terceira grande mulher que viveu em Helfta no século XIII. As três mulheres influenciaram-se mutuamente em sua espiritualidade. Ainda assim, cada uma das mulheres era única. E cada mulher teve as suas próprias experiências na oração. Matilde de Hackeborn destacou-se por sua linguagem metafórica. Isso também se evidencia no texto em que ela descreve que Deus a presenteia com seus olhos, seus ouvidos e seu coração. Em seus olhos, Deus sempre vê a sua criação. E em seus olhos, Ele sempre olha para as pessoas e em cada pessoa reconhece o próprio Cristo: Deus transformado em homem. Em seus ouvidos, escuta a palavra que Deus lhe diz. Mas também na música e em tudo que chega aos seus ouvidos ela ouve algo do som de Deus. Deus fala com ela através de tudo que ela ouve. E a sua boca tem a missão de conversar, orar e cantar juntamente com Deus. Tudo o que ela faz, é juntamente com Deus. Sim, o próprio Deus fala através dela, canta através dela, ora através dela. E Deus deu-lhe o seu coração para que ela pudesse pensar e amar tudo como esse coração divino. Portanto, ela não precisa se obrigar a amar. Ela é capaz de amar porque o próprio Deus lhe deu o seu coração, que não sabe fazer outra coisa senão amar.

É uma espiritualidade libertadora e humana que Matilde de Hackeborn proclama nesse breve texto. Não é preciso muito esforço para que a nossa boca repita as palavras de Deus e os nossos ouvidos a escutem atentamente. O próprio Deus nos deu a sua boca e seus ouvidos e seus olhos e seu coração. Desde sempre olhamos com os olhos de Deus para os homens e a criação. Apenas precisamos nos conscientizar disso sempre. E então experimentaremos a nossa audição, visão, fala e emoção de outra forma. Veremos o mundo com os olhos de Deus e em tudo perceberemos a sua fala e a sua mensagem para nós. E nos tornaremos capazes de escutar as palavras de Deus neste mundo através das nossas palavras. O nosso coração amará com o amor vindo de Deus. Considero essa uma belíssima imagem da graça. Em tudo o que fazemos e somos, Deus está presente. Apenas devemos nos conscientizar disso.

**Martinho Lutero**

Martinho Lutero, o reformador, foi um grande orante. Ele sofria pelo fato de, enquanto monge agostiniano, muitas vezes ter orado irrefletidamente, com o pensamento distante das palavras que dizia. Assim, ele descreve a frequente experiência que vivemos de distração durante a oração, e dos muitos pensamentos que passam pela nossa cabeça. Lutero sugere que primeiramente nos vejamos como pecadores, indignos de rezar, e então olhemos para Deus, que de tão grandioso nos torna dignos de rezar para Ele. Essa reverência nos leva a uma oração em que realmente sentimos o que dizemos. Ele cita um bom cabeleireiro como exemplo. Este precisa concentrar-se totalmente em seu trabalho, ou nos cortará a pele. E nos conta como reza o Pai-nosso até hoje: ele suga o Pai-nosso como uma criança, e bebe e come dele como um idoso insaciável. É assim que devemos receber as orações moldadas como o Pai-nosso e os salmos. E então elas jamais se tornarão entediantes.

Lutero menciona outro problema: a experiência de não sermos escutados sempre. Ele aconselha a não dar a Deus uma meta, nem um local ou um horário em que Ele deva nos ouvir. Devemos entregar tudo à sabedoria e à onipotência de Deus e acreditar que Ele é bem-intencionado conosco.

Lutero propõe a oração matinal e vespertina diárias. Ambas as orações devem tornar-se rituais fixos e inadiáveis. Devemos iniciar e encerrar o dia com a oração. E então todo o nosso tempo será permeado pela oração. Lutero escreve uma oração da manhã e uma oração da noite para que possamos adotar como ritual matinal e vespertino. Ambas as orações tratam, principalmente, do acolhimento. Deus é quem nos protege e nos defende e impede que caiamos em pecado. E Deus é quem nos perdoa. Por isso, à noite não devemos pensar no que passou. As coisas são como são. Devemos nos entregar à misericórdia de Deus. E então encontraremos o descanso. Se avaliarmos o que passou, jamais conseguiremos dar um fim às nossas cismas. Devemos perceber a misericórdia de Deus e o seu perdão para nos livrar do aprisionamento à nossa própria culpa. À noite, podemos nos entregar, confiantes, às mãos misericordiosas de Deus. Lutero suplica para que o santo anjo de Deus esteja presente tanto na oração da manhã quanto na oração da noite, e nos proteja para que o inimigo mau não nos domine. Assim, o anjo é a imagem da proteção e da defesa por Deus.

### Jeanne-Marie Guyon du Chesnoy

Madame Guyon, esposa e mãe no auge da vida, desprezada pela Igreja oficial, levada à prisão e, não obstante, manteve-se fiel à Igreja, descreve a experiência da oração interior. Ela sabe, pela sua própria experiência, que essa oração é possível em toda parte e a qualquer momento. E ela enfatiza que todo cristão é convocado a orar. A oração interior é o silêncio interior e, ao mesmo tempo, a entrega do coração a Deus. Quem se entrega a Deus em seu coração percebe a presença curadora e libertadora de Deus em toda parte. Em seu interior, sente a profunda ligação e união a Deus. Para ela, eis um caminho para a perfeição e a felicidade plena. Mas, ao mesmo tempo, a oração interior também é um caminho de purificação. Ao nos entregarmos a Deus, Ele nos purifica de todos os erros. Não é um caminho ascético em que eu precise demonstrar muita renúncia. É um caminho da entrega amorosa em que eu posso desfrutar do amor de Deus. Madame Guyon fala da "doçura de seu amor". Sentir Deus, então, é algo agradável, algo que preenche os nossos mais profundos anseios. E é uma oração que não é interrompida pelo nosso trabalho e demais atividades. É, ao mesmo tempo, a melodia básica do nosso coração que ressoa em tudo o que fazemos.

A oração interior é uma oração do silêncio. Eu não preciso de palavras. Madame Guyon — mãe de cinco filhos — compara essa oração silenciosa com a amamentação da criança. A criança mexe os seus lábios apenas no começo da mamada para estimular a saída do leite do seio maternal. Quando o leite começa a escorrer, ela fica quietinha. Assim é a oração do silêncio. Desfrutamos o leite da misericórdia divina sem precisar nos mexer. Naturalmente nem sempre estamos nesse silêncio para gozar da misericórdia de Deus. Também enfrentamos tempestades internas e externas. Mas então devemos lançar a âncora do navio ao mar para encontrarmos amparo. Esse amparo é a oração interior. Ela não desfaz as turbulências. Mas trata-se de aguardar com tranquilidade e em silêncio até que o "vento favorável retorne", até que também ocorra uma transformação no exterior.

## Matthias Claudius

Matthias Claudius expressava a sua devoção em uma linguagem simples. Mas é justo nessa linguagem simples que a sua confiança em Deus também se torna perceptível para nós. No poema "Sou grato a Deus e me alegro como uma criança com o presente de Natal", ele expressa de forma infantilizada a sua felicidade com Deus e por tudo que Deus lhe dá diariamente. Ele não deseja coisas grandes, porque elas podem destruir o coração humano. Basta-lhe observar a beleza da criação e ser grato por aquilo que Deus lhe dá: "Ele dá ao pardal no telhado; por que não daria a mim?"

Matthias Claudius não apenas escreveu esse belo poema infantil, como também refletiu sobre ele. Ao seu amigo Andres, ele descreve como costuma rezar, e o que o ajuda. Por um lado, há o gesto externo das mãos unidas. Para ele, eis o gesto para entregar-se a Deus. No entanto, esse gesto externo é apenas uma ajuda. O decisivo é a postura interna de entrega ao coração de Deus. A oração também envolve o desejar. Claudius não consegue imaginar uma criança que não peça ao seu pai por alguma coisa. Ele conhece as objeções de pessoas estudadas que afirmam que Deus não age simplesmente porque oramos, porque o *nexus rerum*; a conexão entre as coisas, simplesmente não o permite. Mas ele confia na história bíblica em que Sansão não se preocupou com a conexão das folhas do portão e arrancou o portão inteiro. Assim, Deus pode mudar tudo sem precisar sempre respeitar as leis da natureza.

E então Matthias Claudius escreve para o seu amigo com que simplicidade e devoção reza o Pai-nosso. Ele visualiza o seu pai biológico, que havia sido tão bom com ele. E imagina o mundo todo como sendo a casa de seu pai. E então ele reza para o Pai divino com a mesma intimidade que o seu pai biológico lhe passara. Cada pedido é totalmente compreendido. Ele sabe que Deus deve governar dentro dele. Porque se ele se deixar dominar pelas suas necessidades, não chegará a uma solução. Ao suplicar pela vontade de Deus, ele pensa na alegria dos anjos ao realizarem a vontade dele. É o que ele deseja para si e para os homens da Terra. Ao pedir pelo pão de cada dia, pensa em seus próprios filhos, que tanto querem comer. Ao pedir por perdão, pensa no servo malvado. Assim, liberta-se do desejo de vingança e também torna-se capaz de perdoar. O último pedido o faz lembrar-se da facilidade com que podemos nos perder em nosso caminho. Mas, ao mesmo tempo, pensa em todo o mal que pode atingir o homem. E então pede, cheio de confiança e sob lágrimas, que Deus o liberte disso.

Nessa carta ao seu amigo Andres, percebe-se a confiança infantil que Matthias Claudius leva par a oração. Ele não elabora teses sobre a oração. Apenas relata como ele próprio reza. As suas palavras simples nos tocam até hoje. E nos convidam a rezar como o poeta, repletos de confiança e simplicidade infantil. Cada um tem as suas próprias experiências com o Pai-nosso. Seria bom uma vez anotar essas experiências para si mesmo. Porque, assim, poderíamos compreender bem o efeito dessa oração. Reconheceríamos o quanto as palavras de Jesus tocam e mobilizam e transformam as pessoas até hoje.

### Søren Kierkegaard

Para o filósofo e teólogo dinamarquês Søren Kierkegaard, orar significa, principalmente, permanecer em silêncio. No início da oração ainda se fala, mas conforme a oração vai se tornando mais devota, torna-se puro silêncio. Nesse silêncio, nos tornamos ouvintes. E é assim que Kierkegaard define a oração: "Orar não significa ouvir a si próprio falando, orar significa silenciar-se, permanecer em silêncio e aguardar até que o orante ouça a Deus". No entanto, isso significa que sejamos como o lírio e o pássaro a que Jesus se refere na oração da montanha. Assim como o lírio e o pássaro, devemos ter toda confiança em Deus. E devemos nos silenciar para que possamos aceitar completamente a vontade dele. Então, estamos livres de nós mesmos e nos alegramos com a nossa vida em Deus.

Em sua oração ao Pai no céu, Kierkegaard conversa com Deus sobre o seu silêncio frequente. Mas mesmo em silêncio, Deus fala conosco. Deus permanece em silêncio para poder ouvir o aprendiz, para testar o amado. E o silêncio de Deus nos convida a nos entregarmos nele e a concordarmos com o Deus totalmente diferente, o Deus que não podemos possuir, que, pelo contrário, nos possui. No entanto, por vezes compreendemos o silêncio de Deus como separação e como morrer de sede no deserto. Mas Kierkegaard ora com a confiança de que Deus também fala conosco no silêncio. E então pede a Ele que também abençoe o seu silêncio e que assim possa senti-lo como seu pai também no silêncio.

## Charles de Foucauld

Charles de Foucauld relata como Deus, que havia se afastado dele por muito tempo, subitamente o tocou. Ele voltou a tomar gosto pela oração. Para ele, a oração se torna uma "permanência confiante da alma com Deus". Mas para que a alma possa permanecer sempre com Deus é preciso dedicação especial diária à oração. Só assim poderemos sentir a presença de Deus também durante o trabalho. É como quando estamos apaixonados. Dedicamo-nos totalmente ao nosso trabalho, mas dentro de nós sempre lembramos da pessoa que amamos. E, assim, compreendemos a oração incessante de que Paulo fala na carta aos Tessalonicenses (1Ts 5,17).

Foucauld fala de uma experiência de Deus que nos toca. Ele sente Deus dentro de si. E, para ele, Deus é toda a beleza deste mundo, toda a bondade, amor e sabedoria. Deus permeia tudo nele. Ele o toca mais que o ar que o envolve e que ele inspira. Tudo nele é permeado pelo amor de Deus. E o faz exclamar: "Como sou feliz! Que alegria ser tão unido à plenitude, e poder viver nela!"

E ele pede a Deus que essa experiência de sua presença amorosa o faça agir sempre conforme à sua vontade. A resposta de Foucauld a essa experiência de Deus é a sua oração pessoal: "Meu Deus, eu me entrego a ti; ajo com você segundo a tua vontade". Tais palavras só podem ser ditas por alguém que perceba Deus como a realização do seu mais profundo desejo. Na oração, Foucauld experimenta a liberdade de si próprio. E essa experiência é toda a sua plenitude.

## Dietrich Bonhoeffer

O pastor luterano e combatente da resistência, Dietrich Bonhoeffer, executado no Terceiro Reich, relata a sua experiência com a oração na prisão. A situação pessoal aprofundou ainda mais a sua experiência da oração. Ele escreve orações para si mesmo e para seus colegas de cela. Nelas, descreve a sua situação e a emoção interior dos outros prisioneiros, como: solidão, desalento, inquietude, amargura. Em todos esses estados de ânimo Dietrich se volta para Deus, encontrando ajuda, paz e paciência. O olhar para Deus transforma os seus ânimos obscuros. Assim, consegue louvar a Deus em meio à sua angústia como prisioneiro e agradecê-lo pelo silêncio da noite, pelo novo dia, por toda a bondade que Deus lhe concedeu até então. Mas ele também não exclui o peso de sua existência como prisioneiro. Dietrich Bonhoeffer expressa sua confiança em Deus de que este não lhe atribuirá um peso maior do que ele consegue carregar. Ele pensa em Jesus, que compartilhou o seu destino. Isso lhe dá uma sensação de união e acolhimento em meio à solidão da vida na prisão. E ele desvia o olhar de si para os outros prisioneiros, rezando por eles e, assim, sentindo-se ligado a eles. Com essa oração,

Bonhoeffer mostra-nos um caminho concreto de orarmos para Deus em qualquer situação, e como a oração transforma até mesmo uma situação miserável, gerando esperança e confiança onde, aparentemente, não há mais o que se esperar.

Na outra oração, "Quem sou eu?", Bonhoeffer trava um diálogo com Deus. Ele lhe conta o que as pessoas dizem a seu respeito e como o veem. Mas apenas Deus conhece o seu outro lado. E Ele mostra este outro lado para Bonhoeffer: diz-lhe que é "inquieto, ansioso, doente, como um pássaro na gaiola, tentando respirar o ar da vida". Ele desiste de se julgar. Em sua realidade incompreensível simplesmente entrega-se a Deus: somente Deus o conhece. E ele pertence integralmente a Deus assim como é e como Deus o conhece, sem ilusão, sem idealismo: "Sou vosso, ó Deus!" Eis o objetivo de toda oração: pertencer integralmente a Deus e reconhecer o meu próprio Eu somente em Deus, não precisar mais julgar, ser totalmente aceito e amado por Ele.

### Dom Helder Camara

Dom Helder Camara foi o bispo dos desprovidos, das pessoas sem importância. Ele levava a sério a pobreza, mas também a sua dedicação aos pobres. No fundo, entretanto, era um místico. Diariamente se levantava às 2h da madrugada para rezar no silêncio. A sua oração era marcada pela certeza de que Deus conversa conosco através de tudo. Ele observava o mundo e nele via os sinais de Deus. A presença de Deus fundamentava a sua oração. "Estamos imersos em Deus dia e noite. Quando nos movemos, quando falamos, quando vivemos, sempre estamos nele. Mas Deus também está em nós." Esse é o ponto de partida da sua oração que é a expressão desse vínculo íntimo com Deus. A oração expressa que Deus nos envolve em tudo, e ela permite que Deus, que está em nós, se manifeste no silêncio. Que Ele queira nos marcar e transformar na oração.

Para Helder Camara, permanecer em silêncio não significava deixar de cuidar das necessidades dos irmãos e irmãs. Pelo contrário, a pessoa silenciosa torna-se uma só com todos os necessitados, e apresenta-os a Deus. A oração nos convida a entregar as nossas preocupações a Deus. No entanto, isso só é possível para quem tem um coração sincero, quem antes fez todo o possível para diminuir as preocupações das pessoas. No silêncio as preocupações se abrandam, e nos entregamos, juntamente com as pessoas a quem nos sentimos ligados, nos braços de Deus. Acolhidos com as nossas preocupações nos braços amáveis de Deus, experimentamos uma profunda paz interior e esperança para com todas as pessoas.

Helder Camara sabe que, muitas vezes, não sentimos nada na oração. Uma amiga lhe dizia que ela se sentia como uma pedra. Ele não lhe dá sábios conselhos para amolecer a dureza da pedra. Simplesmente lhe sugere a se disponibilizar como pedra ao Senhor, para que Ele receba esta pedra como travesseiro. Eis um conselho maravilhoso para quando a nossa oração não nos tocar mais internamente. Então colocamos todo o endurecido, e colocamos o nosso coração de pedra diante de Jesus, para que Ele apoie a sua cabeça. Isso nos liberta da pressão de precisar sentir alguma coisa a cada oração. Colocamo-nos diante de Deus como somos, mesmo que o nosso coração pareça ser de pedra.

Mas a oração não é apenas permanecer em silêncio. Devemos pedir a Deus para que não nos apazigue, mas nos sacuda, que nos desperte. E então nos abrimos para o que Deus diz através de tudo e de todos, através do papel branco em que eu escrevo, através do burburinho das pessoas, das vitrines sobrecarregadas, do policial de trânsito. Para Helder Camara tudo se torna permeável para Deus. Tudo fala de Deus e Deus fala com ele através de tudo. Eis o objetivo da oração. Que sigamos por este mundo com a consciência de que tudo fala de Deus e que nós falamos sobre tudo com Deus. E então a oração se transforma no nosso modo de ver o mundo e nos encoraja a construir o mundo cada vez mais segundo o Espírito de Jesus.

**Madre Teresa**

Madre Teresa foi considerada uma grande orante. Em suas reflexões sobre a oração, ela fala principalmente do silêncio como condição para a oração e sobre a alegria que a oração nos traz, e a alegria com que devemos orar. E ela fala que a oração alegra em meio ao sofrimento. Orar significa: estar com Deus nesse momento, estar no céu também e ser feliz a cada instante. Isto tudo soa muito bonito e, por vezes, também inocente. No entanto, por detrás disso, Madre Teresa também encobre outra experiência: a experiência de sua escuridão. Ela fala às suas irmãs da misericórdia da oração. Mas então descobre que ela própria não recebe essa misericórdia. Dentro de si vê apenas escuridão, abandono, desprezo. E ela conhece momentos em que ela não sente fé. Ela, que se transformou em exemplo de fé para suas irmãs e inúmeras pessoas, muitas vezes sente uma falta total de fé e de confiança. Ela sofre com isso. Mas então descobre que justamente essa experiência de medo e de escuridão a aproxima de Jesus, que expressou a sua impotência ao Pai na oração do Getsêmani. Às vezes, as palavras do amor de Deus não tocam o seu coração. Ela sofre com a falsa impressão de constante júbilo de Deus que as pessoas e suas irmãs têm dela. No entanto, a sua alegria serve apenas para encobrir o seu vazio e sua miséria.

Os pensamentos de Madre Teresa revelam-nos dois fatos: um forte anseio de viver a partir da oração e sentir-se uma só com Deus, e transmitir o amor de Deus que ela vivencia na oração. Eis o fundamento de sua vida. Mas então ela também vivencia um outro lado, o lado da escuridão e do desespero. E, aparentemente, esse lado igualmente lhe pertence. Esse lado é a condição para que ela não fale sobre a oração de modo tão simples e otimista. A sua escuridão revela algo da noite escura da alma em si, da qual fala João da Cruz. A noite escura da alma nos liberta de toda atuação egocêntrica de simplesmente nos sentir bem na oração. Ela nos questiona se queremos desfrutar de Deus na oração, ou se nos entregamos incondicionalmente à sua vontade. E essa vontade de Deus também pode significar que, por muito tempo, não vivenciemos a sua presença curadora e amável, mas sintamos em nós apenas a escuridão e o vazio. Esse vazio é justamente o convite para nos jogarmos despidos e puros no amor de Deus, e confiar que Ele nos envolva com o seu amor, mesmo que não sintamos nada dele.

**Irmão Roger**

Para muitos adolescentes, Irmão Roger, o antigo prior de Taizé, era um símbolo de esperança e confiança. Há anos que, anualmente, milhares de jovens peregrinam para Taizé com o objetivo de lá orarem e meditarem com os monges da igreja. E eles vêm para fortalecer a sua fé e encontrar um caminho próprio e viável de oração para si. Assim, em seus textos, Irmão Roger dirige-se aos jovens. Conversa com eles diretamente. Ele os recebe com as suas experiências e cautelosamente mostra-lhes caminhos para a oração.

A mais importante precondição para a oração é não preocupar-se com o modo que devemos orar. Não se trata de complicadas técnicas de oração. Não devemos nos espantar se, na oração, surgirem nebulosidades como a revolta, o medo, a preocupação, a sensação de indignidade. Simplesmente devemos nos entregar a Deus com tudo o que surgir dentro de nós. E então perceberemos que Cristo, o ressuscitado, nos acompanha por toda parte, inclusive no reino sombrio de nossos constrangimentos e medos interiores.

Assim, a oração está relacionada à simples confiança de que Deus me aceita com tudo que eu sou, e que Deus cuida de mim. Não se trata, em primeira instância, da confiança de que Deus ouvirá e atenderá às minhas preces, mas de um acolhimento por Deus. As canções simples de Taizé pretendem levar os jovens para dentro desse acolhimento de Deus.

A oração, segundo a compreensão de Irmão Roger, também tem um componente místico. Trata-se do silêncio interior em que eu sinto que sou ocupado por outro além de mim mesmo, que o próprio Deus reside em mim. O homem foi concebido para que Deus resida nele, para que Cristo, o ressuscitado, resida nele. A oração pretende me levar para minha própria profundidade. Ali, no mais profundo ser, Jesus, o ressuscitado, está à minha espera, encorajando-me a ressuscitar do túmulo da minha resignação e da minha decepção. A oração também é, sempre, participação na ressurreição de Jesus. Um dos pensamentos preferidos do prior de Taizé é que o ressuscitado celebra conosco uma festa contínua em que nos convida a ressuscitar com Ele para a festa da vida.

## Martin Gutl

O sacerdote Martin Gutl foi líder espiritual da Casa de Formação Maria Trost, próxima à cidade austríaca de Graz. A linguagem era o meio com o qual lidava com a vida de forma criativa, e com o que, muitas vezes, também brincava. Ao falar, surgiam-lhe sempre novas associações. Ele simplesmente seguia as palavras que se formavam dentro dele. Uma palavra levava à próxima. E assim também via a oração: simplesmente seguir as palavras que querem se formar dentro de mim. Assim, em sua primeira oração ele relata a Deus de sua impaciência que o impede de orar. No entanto, em meio à sua impaciência, ele conhece momentos em que não fazia nada, apenas esperava. E então tornou-se claro o que significa orar: simplesmente esperar diante de Deus. "Orar não é criar palavras, orar é amar e permitir ser amado em silêncio."

Outra experiência se evidencia em sua segunda oração. A princípio, ele enfileirava um rosário após o outro, ele compreendia a oração como uma realização. No entanto, de tanto ativismo fervoroso, ficou internamente cego. E então tornou-se atento, reconheceu a realidade deste mundo. E esse foi, para ele, um convite para a oração. Portanto, orar não significa envolver-se com palavras fervorosas, mas tornar-se atento para as relações do mundo, para o que não está correto. E orar significa sensibilizar-se para a injustiça do mundo e lutar bravamente para alcançar o reino justo de Deus.

Martin Gutl adorava metáforas. Assim, define a oração metaforicamente: "Orar significa: pegar emprestadas as asas dos anjos". Outra imagem: estar de pé em uma igreja e, por um instante, tornar-se um só com tudo o que existe, com as pedras, as janelas, comigo e com todas as pessoas. Eis o propósito da oração: simplesmente tornar-se um com tudo e, assim, com Deus, a origem de toda a existência. Mas a oração também é a transformação dos meus humores sombrios. Na oração não reprimo nada, mas deixo todos os sentimentos aflorarem. No entanto, silencio-me na oração até o amor transformar os sentimentos obscuros e me infundir palavras de cura e paz.

## Dorothee Sölle

Dorothee Sölle, a espirituosa teóloga protestante, não apenas escreveu sobre a oração, como também criou orações. As suas orações descaracterizam a linguagem devota. Ela volta-se para Deus, mas mostra-lhe a realidade deste mundo, tudo o que dá errado no mundo, que é injusto, onde os poderosos exploram os fracos. Ela não reza para que Deus resolva os seus problemas, mas sente, na oração, responsabilidade por este mundo. A sua principal descoberta na oração é Deus ter "sonhado" ela. Toda pessoa é um sonho de Deus. E esse sonho de Deus trata da caminhada ereta que devemos treinar neste mundo dos adaptados(?). Não se trata de Deus ouvir as nossas orações, mas que nós escutemos Deus na oração, para onde Ele quer nos levar, e para que, na oração, ouçamos os gritos das pessoas para quem Deus nos envia. A oração significa escutar Deus e responder à sua voz, a tudo que Ele exige de nós neste mundo de injustiça. Na oração, Deus coloca o homem diante de perguntas decisivas: "Onde você está? Onde está o seu irmão?" E nós fazemos as seguintes perguntas para Deus: "Por que você nos abandonou? Quando você voltará?" Sölle chama a oração de jogo do amor "que une o mundo por deixar o seu futuro em aberto". Mas a oração também é algo perigoso. O homem coloca-se em risco. E, com isso, responde ao Deus "que se arriscou em Jesus de Nazaré, que revelou o seu futuro e se humilhou para dentro da história das pessoas".

Sua forma de rezar é revelada após a oração de 1Jo 3,2. Ela medita as palavras de São João não de forma devota, mas política e social. Toda a palavra a faz lembrar da realidade do nosso mundo. E, ao mesmo tempo, ela vê nas palavras da Bíblia uma promessa de mudança deste mundo, de brancos e negros morando juntos, de homens e mulheres se respeitando, da paz reinando entre os povos e grupos, e dos homens cuidando da criação. A oração transforma-se em expressão de esperança para este mundo. Na oração, oramos para dentro dessa esperança de que Deus não abandona a nós, humanos, e sua criação.

Na coletânea *Orações famosas* encontramos orações que frequentemente são utilizadas em cultos ou cerimônias e meditações.

A *Oração da paz* é de São Francisco. É uma oração que pode ser usada em qualquer culto de paz. Não é uma oração moralista pela paz, mas de palavras carinhosas e tocantes.

A *Oração das Nações Unidas* amplia o olhar e pede por paz em toda a Terra e pelo respeito entre os homens.

A *Oração de Wessobrunn*, do século VIII, é uma das mais antigas orações em língua alemã. Naquela época, as pessoas consideravam a natureza o maior mestre espiritual. Na natureza, reconhecem Deus como criador do mundo. Ao observarem a natureza, compreendem: Deus é um bom criador, que não apenas criou esta Terra maravilhosa, mas também deu tantas coisas boas aos homens. Inicialmente Deus é glorificado. E então o orante pede que Ele lhe dê a fé correta e boa vontade, sabedoria e inteligência e força, para que possa resistir ao mal.

A *Oração matinal dos cristãos da África Ocidental* é repleta de imagens vivas. Sente-se a alegria do orante. Ao voltar-se para Deus, ele está pleno de felicidade e gratidão por tudo que Deus deu ao homem, pelos pássaros e pela luz, pelo seu corpo, pelo mar e por tudo que vê a seu redor. Aqui, a oração também é uma observação grata e alegre da boa criação de Deus.

*Hans Magnus Enzenberger* redige uma oração inconstante e cética em que deixa de fora o destinatário da oração, Deus. Mesmo assim, Deus é sempre incluído quando ele enumera tudo pelo que é grato. A gratidão visa coisas de que ele desfruta – como um vinho –, mas também as ratazanas no jardim e, principalmente, o descanso e o seu corpo. Quem começa a agradecer reflete corretamente sobre as coisas. E em seu pensamento também tocará Deus, a causa de toda gratidão, o criador de todas as coisas boas pelas quais somos gratos.

*Hanns Dieter Hüsch* denomina a sua oração um salmo. Ali, torna a perguntar: "O que me torna tão alegre?" E ele mesmo responde: "Porque o meu Deus me ensina a rir de tudo". Deus nos ensina a ter humor. Se olharmos para o mundo com olhos atentos, observaremos que o próprio Deus tem humor. E se nos voltarmos para Deus em tudo o que vemos, então toda a nossa angústia transforma-se em serenidade e leveza. Eis o milagre da oração: a transformação de nossos sentimentos turvos e obscuros, e o compartilhamento da alegria e do humor de Deus.

*Wolfgang Borchert*, que voltou ferido da guerra e ainda carregava em seu coração os seus horrores, não consegue mais acreditar no "Bom Deus". Cheio de ironia, dirige-se ao Bom Deus e o pergunta se, em todos os lugares em que crianças e soldados foram expostos, desprotegidos, ao terror das bombas, Ele havia sido bondoso, se é que estivera ali. Borchert expressa, de forma tocante, as dúvidas dos veteranos de guerra. E também fala por todos que, ao olhar para o seu sofrimento nos dias de hoje, têm dificuldade de acreditar no Bom Deus. Não podemos mais falar inocentemente dele. Precisamos de outra linguagem para poder rezar.

A famosa oração pelo humor do lorde chanceler *Thomas Morus*, que o Rei Henrique VIII mandou decapitar, caracteriza-se pela grande serenidade e simplicidade. Thomas Morus reza por coisas bem naturais, por uma boa digestão, por saúde, mas também por uma alma sagrada que tenha um olhar para a pureza e bondade nas pessoas. Justo ele, que vive o mal que pode se espalhar no coração do homem, reza assim. Acima de tudo, entretanto, está o humor, que encara as coisas com serenidade e também tira o poder dos dominadores. Tal confiança serena e tal humor simples fariam bem a todos nós ao elevarmos a nossa alma para Deus na oração.

*Hildegard von Bingen*, a mística e cientista da natureza, sempre viu Deus como autor da criação. Ela observa a natureza e reconhece: tudo acontece através de Deus. Em todos os acontecimentos da natureza, ela vê a ação de Deus. Ele faz a água correr e o verde brotar da terra. E é Deus quem nos presenteia com sabedoria e alegria. Apenas precisamos observar a natureza para que nosso espírito seja preenchido de sabedoria e alegria. Portanto, a oração é uma percepção mais consciente de tudo que a natureza nos revela. E então somos levados para dentro de Deus e preenchidos pela sabedoria dele.

Ao descrever a minha própria experiência de oração, depois de todas essas orações e experiências de orações, dois aspectos me parecem importantes. Um está relacionado à oração de Jesus. A minha forma diária de meditação é a oração de Jesus. Ao inspirar, digo internamente: Senhor Jesus Cristo, e ao expirar: Filho de Deus, tenha misericórdia de mim. Para mim, essa oração de Jesus é o caminho para, cada vez mais, me deixar permear pelo seu Espírito. E é um caminho para a purificação diária das minhas emoções. Porque no meu trabalho administrativo também há, sempre, aborrecimento e decepção. Então eu recito a oração de Jesus para dentro destas emoções e vejo como o Espírito de Jesus purifica todas as minhas melancolias e me preenche com seu Espírito claro do amor. Além disso, essa oração frequentemente me leva ao espaço interno do silêncio em que o próprio Jesus reside em mim com seu amor e misericórdia. É um espaço do amor silencioso em que mergulho através da oração de Jesus.

O outro aspecto está relacionado à oração pessoal. Muitas vezes, eu simplesmente sento-me em frente a Deus e revelo-lhe o que surge dentro de mim. E então aparecem as minhas preocupações e problemas, os mais diversos pensamentos que ocupam a minha mente naquele momento. Revelo tudo a Deus e então pergunto a Ele: O que você quer me dizer? Qual o verdadeiro sentido da minha vida? Nessa oração não tenho um método, mas exponho-me desprotegido perante Deus e mostro-lhe tudo que há em mim. Para mim, isso é salutar e libertador.

E, ao revelar tudo para Deus, os meus problemas se relativizam e eu sinto o que é essencial: confiar que Deus me apoia, deixar-me guiar por Deus à minha verdadeira imagem que Ele fez de mim, tornar-me eu mesmo em Deus para cumprir a missão que Ele me deu: anunciá-lo neste mundo do meu modo bem pessoal, e expressar o seu amor através do meu coração.

*Anselm Grün*

# Francisco de Assis
## (1181/1182-1226)

Francesco Giovanni di Pietro Bernardone nasceu em 1181, ou em 1182, em Assis, filho de um rico comerciante de tecidos. O jovem Francisco levou uma vida despreocupada como filho privilegiado de família rica, e era muito estimado pela sua generosidade. Queria ser cavaleiro e, em 1202, foi para uma guerra na cidade vizinha de Perúgia, guerra essa perdida por Assis. Assim como outros guerreiros, Francisco ficou preso durante um ano inteiro, e adoeceu gravemente na prisão. Este foi um ano de muita reflexão e marcou o início de sua conversão. Em uma visão, viu Deus falando com ele, e passou a se dedicar aos cuidados de leprosos. Em 1205, partiu para uma peregrinação em direção a Roma.

Quando, pouco tempo depois, estava rezando na pequena Igreja de São Damião, recebeu a incumbência de reconstruir a casa de Deus que estava desmoronando, o que, a princípio, levou ao pé da letra. Assim, Francisco começou a ajudar os pobres e a reconstruir igrejas deterioradas, como a Igreja de São Damião, com mercadorias e o dinheiro de seu pai.

O pai de Francisco o acusou quando este renegou a família e renunciou à sua herança. Ele havia optado por uma vida em pobreza total, segundo o Evangelho proclamado por Jesus aos seus discípulos (Mt 10,8-10), e começou a pregar. Inicialmente viveu como eremita. A grande mudança de seu estilo de vida gerava zombaria e rejeição, mas também admiração. Em pouquíssimo tempo, reuniram-se à sua volta muitos de seus companheiros que passaram a percorrer o país com ele como missionários ambulantes.

Em 1209/1210, Francisco elaborou – a princípio, oralmente – a primeira regra da Ordem, uma vocação à pobreza, ao serviço e à pregação, e a apresentou pessoalmente ao papa, juntamente com os seus doze confrades. Em 1210, os *fratri minores* (frades menores) foram reconhecidos pelo Papa Inocêncio III como "pregadores itinerantes e de penitências". Naquela época, outros movimentos de pobreza eram combatidos pela Igreja como heréticos.

Em 1211, os beneditinos presentearam Francisco com a pequena Igreja de Santa Maria degli Angeli, fora de Assis – a "Porciúncula". Ali construiu cabanas para os frades. Mais tarde, estas se transformaram na casa e no convento dos franciscanos. Em 1212, juntamente com a nobre Clara de Assis, que, à época, tinha 18 anos e que também queria viver na pobreza anunciada por Francisco, fundou a Segunda Ordem Franciscana, a Ordem das Clarissas. O movimento franciscano tornava-se cada vez mais popular.

Ao final de 1212, Francisco queria viajar como missionário para a Terra Santa, mas precisou retornar. Como missionário ambulante, chegou à Dalmácia e, em 1213-1215, até o sul da França e Espanha; como peregrino também foi até Santiago de Compostela. Era venerado por toda parte como "Irmão sempre alegre" e "Poverello" ("pobrezinho"). Sua linguagem cativante e suas canções tocavam e impressionavam as pessoas, que o chamavam de trovador de Deus. Francisco amava particularmente a criação. Ele chamava o sol, a lua, o fogo ou os pássaros e outros animais, assim como a morte, de irmãos e irmãs.

Durante a quinta cruzada, em 1219, Francisco chegou ao Egito e, de lá, à Terra Santa, onde permaneceu até 1220. Após o seu retorno, renunciou à liderança da Ordem devido a conflitos internos. E passou a planejar uma nova Ordem – a futura Terceira Ordem Regular de São Francisco (uma ordem de leigos). Na realidade, Francisco não queria regras de ordem para si e seus confrades, bastava-lhe a mensagem de Jesus. Em 1221, entretanto, orientado pela cúria romana, elaborou uma nova regra de Ordem. Em 1222, Francisco recolheu-se nas florestas. Em 1223 o Papa Honório III confirmou as regras definitivas da Ordem Franciscana.

Em 1224, Francisco foi marcado com as chagas de Cristo no Monte Alverne, e passou a viver sempre fora de Assis no eremitério Le Celle, próximo de Cortona, fundado por ele. Ao adoecer severamente, e em decorrência de uma infecção, perdeu a visão; pediu que o levassem de volta a Porciúncula, ditou o seu testamento e desejou que este passasse a ser lido em todas as reuniões da ordem dali em diante. Foi considerado um santo ainda em vida.

Francisco faleceu aos 37 anos. Dois anos depois, já foi canonizado pela Igreja, e Tomás de Celano (1190-1260) redigiu uma primeira biografia baseada, também, nos relatos dos confrades de Francisco. Em 1228, ainda antes da canonização, iniciou-se a construção da Basílica de São Francisco em Assis; no dia seguinte, o próprio papa colocou a pedra fundamental. Em 1230, o Papa Gregório IX, o antigo protetor da obra de vida de Francisco, declarou que o seu testamento não tinha vínculo jurídico para a Ordem. Da mesma forma, Francisco não foi, como desejava, enterrado na Porciúncula, mas em um sepulcro da nova Basílica Inferior em Assis, até porque a cidade de Assis esperava obter benefícios financeiros e reconhecimento político com o túmulo do famoso santo. O santuário foi inaugurado em 1253, ainda antes do final de sua construção. No século XV, foi largamente ampliado. A basílica superior contém impressionantes afrescos de Giotto di Bondone (1266-1337) com cenas da vida de Francisco. Alguns dos seguidores de Francisco incomodavam-se com a imponência da nova igreja que não correspondia ao ideal de pobreza e às regras da Ordem, o que, mais tarde, em relação a questões de propriedade, dividiu a Ordem entre conventuais, a quem era permitida a posse coletiva de bens, e os observantes (franciscanos), que buscavam seguir a regra franciscana da forma mais fiel possível.

Francisco de Assis é considerado um protetor dos animais devido às lendárias histórias de seu Sermão das aves ou do lobo de Gubbio. Por isso, no seu aniversário de morte, dia 4 de outubro, também é comemorado o Dia Mundial dos Animais. Também devemos à tradição de montagem do presépio de Natal a Francisco: segundo reza a lenda, em 1223, em Greccio, Francisco mandara representar o Evangelho do Nascimento de Jesus em uma estrebaria pela primeira vez na forma de um presépio vivo. Além disso, o Papa João Paulo II nomeou Francisco o patrono da Proteção Ambiental e da Ecologia. E, desde a grande oração pela paz em Assis, com representantes de todas as religiões do mundo, em 1986, ele também é considerado o "Santo da Paz".

✿ ✿ ✿

**Oração diante do crucifixo**
Altíssimo, glorioso Deus,
iluminai as trevas do meu coração,
dai-me uma fé reta,
uma esperança certa
e uma caridade perfeita;
sensibilidade e conhecimento, Senhor, a fim de que eu cumpra o vosso santo e veraz mandamento. Amém.

✿

**Cântico do Irmão Sol**

Altíssimo, onipotente, bom Senhor,
Teus são o louvor, a glória, a honra
E toda a bênção.
Só a ti, Altíssimo, são devidos;
E homem algum é digno
De te mencionar.

Louvado sejas, meu Senhor,
Com todas as tuas criaturas,
Especialmente o senhor irmão Sol,
Que clareia o dia
E com sua luz nos alumia.
E ele é belo e radiante
Com grande esplendor:
De ti, Altíssimo, é a imagem.

Louvado sejas, meu Senhor,
Pela irmã Lua e as Estrelas,
Que no céu formastes claras
E preciosas e belas.

Louvado sejas, meu Senhor,
Pelo irmão Vento,
Pelo ar, ou nublado
Ou sereno, e todo o tempo
Pelo qual às tuas criaturas dás sustento.

Louvado sejas, meu Senhor,
Pela irmã Água,
Que é mui útil e humilde
E preciosa e casta.

Louvado sejas, meu Senhor,
Pelo irmão Fogo
Pelo qual iluminas a noite

E ele é belo e jucundo
E vigoroso e forte.

Louvado sejas, meu Senhor,
Por nossa irmã a mãe Terra
Que nos sustenta e governa,
E produz frutos diversos
E coloridas flores e ervas.

Louvado sejas, meu Senhor,
Pelos que perdoam por teu amor,
E suportam enfermidades e tribulações.
Bem-aventurados os que sustentam a paz,
Que por ti, Altíssimo, serão coroados.

Louvado sejas, meu Senhor,
Por nossa irmã a Morte corporal,
Da qual homem algum pode escapar.
Ai dos que morrerem em pecado mortal!
Felizes os que ela achar
Conformes à tua santíssima vontade,
Porque a morte segunda não lhes fará mal!

Louvai e bendizei a meu Senhor,
E dai-lhe graças,
E servi-o com grande humildade.

✶

**Louvores ao Deus Altíssimo**
Vós sois o santo Senhor Deus único,
que operais maravilhas.
Vós sois o Forte.
Vós sois o Grande.
Vós sois o Altíssimo.

Vós sois o Rei onipotente, santo Pai,
Rei do céu e da terra.
Vós sois o Trino e Uno,
Senhor e Deus, Bem universal.
Vós sois o Bem,
o Bem universal,
o Sumo Bem.
Senhor e Deus, vivo e verdadeiro.
Vós sois o Amor, o Amor Cortês.
Vós sois a Sabedoria.
Vós sois a Humildade.
Vós sois a Paciência.
Vós sois a Segurança.
Vós sois o Descanso.
Vós sois a Alegria e o Júbilo.
Vós sois a Justiça e a Temperança.
Vós sois toda a nossa Riqueza.
Vós sois a Beleza.
Vós sois a Mansidão.
Vós sois o Protetor.
Vós sois o Guarda e o nosso Defensor.
Vós sois a Fortaleza.
Vós sois o Refrigério.
Vós sois a nossa Esperança.
Vós sois a nossa Fé.
Vós sois nossa inefável Doçura.
Vós sois nossa eterna Vida, grande e admirável Senhor,
Deus onipotente, misericordioso Redentor.

# As místicas de Helfta

A vida de Matilde de Magdeburg só pode ser deduzida pela sua obra. Provavelmente nasceu em torno de 1207. Sua familiaridade com a literatura cortês e as semelhanças de sua obra com o *Minnesang* levam a crer que ela seja descendente da próspera nobreza cortês. Aos 12 anos teve uma experiência de graça que transformou a sua vida. Ela decidiu levar uma vida de pobreza e ascetismo e viver em uma comunidade de beguinas, seguindo o exemplo de Elisabete da Turíngia (em torno de 1230). Esses grupos religiosos de mulheres eram formados desde o final do século XII, principalmente em cidades, para uma vida religiosa sem segurança institucional e regras de Ordem, mas em pobreza, castidade e obediência, e cuidavam dos pobres e doentes. O movimento das beguinas deu origem a muitos impulsos místicos. Como beguina, Matilde também prestava serviços caritativos para doentes e pobres em Magdeburg. Após décadas de silêncio, encorajada pelo seu confessor, o dominicano Heinrich von Halle, em torno de 1250 começou a escrever sobre as suas visões e audições (Luz fluida da divindade). Essa obra, composta de sete livros, é a mais importante obra literária do misticismo feminino alemão. Ela fascina pelas fortes imagens e pela mística da noiva sensual e erótica, influenciada pelos cânticos do Antigo Testamento e pela poesia de amor cortês, em que a união da alma amorosa com seu noivo divino é descrita em forma de diálogo.

Em Magdeburg, Matilde era reconhecida pela sua corajosa postura crítica perante a Igreja, mas também enfrentava hostilidades. O seu livro sofria ameaças de ser queimado. Em 1270, aparentemente muito doente, chegou ao convento das cistercienses de Helfta (Turíngia), liderado por dominicanos. Ali, a cega ditou o sétimo e último livro de sua Luz fluida da divindade. Juntamente com ela, viviam em Helfta as bem mais jovens místicas Gertrudes e Matilde de Hackborn, e Gertrudes a Grande. Segundo as escritas de Gertrudes a Grande, Matilde teria morrido com confusão mental.

Gertrudes, mais tarde denominada *a Grande*, chegou a Helfta em torno de 1261, órfã aos cinco anos de idade. Na escola do convento, a muitíssimo talentosa menina recebeu abrangente formação científica e espiritual. Após uma grave crise em 1280/1281, Gertrudes teve a sua primeira visão mística. Em 1289, ela começou a executar a ordem contida em sua visão e a escrever sobre as suas experiências de graça e a sua mística do amor. Em parte, ela ditava, e em parte, mais para frente, suas visões foram complementadas por outras freiras (*Legatus divinae pietatis* – Arauto do amor divino). Matilde de Magdeburg, quase 50 anos mais velha e que chegara ao convento em 1270, influenciou Gertrudes fortemente, conforme comprovam algumas visões.

Gertrudes frequentemente enfrentava doenças graves, e considerava a doença e o sofrimento um sinal da eleição divina e do seguimento de Jesus, e como sinal da graça recebia a chaga de Cristo marcada em seu coração. Ela é a mais teóloga das místicas de Helfta. Sua obra abrangente é repleta de referências bíblicas e associações teológicas. Ela também se utiliza de maravilhosas imagens para suas visões e encontros com Deus que tinha com frequência durante a Festa da Eucaristia e em momentos de oração. Foi a única mística a escrever, também, Exercícios espirituais (*Exercitia spiritualis*).

Durante a época medieval, inicialmente, Gertrudes foi esquecida. Desde uma publicação do *Legatus*, em 1536, a sua devoção pelo Coração de Jesus e as orações passaram a influenciar a religiosidade católica por séculos. Sem ser oficialmente canonizada, em 1678 foi incluída no *Martirológio*, o registro oficial dos mártires e santos, e é a única santa alemã com a alcunha de "Grande".

Matilde de Hackeborn e sua irmã mais velha, Gertrudes, vieram de uma família nobre e influente do Norte da Turíngia. Aos 7 anos, Matilde foi levada ao Convento Beatae Mariae Virginis, na cidade de Rodarsdorf, onde já vivia sua irmã 10 anos mais velha, que, mais tarde, tornou-se abadessa. Segundo a tradição beneditina, Matilde recebeu uma boa formação clerical e foi professora e coordenadora da escola do convento; além disso, graças ao seu talento musical, foi cantora, chamada por todos de rouxinol. Ela também era responsável pelas escrituras e livros da importante biblioteca do convento. Há relatos de que as freiras se reuniam em torno dela como de uma pregadora para ouvirem a Palavra de Deus. Matilde consolava muitos e também era procurada por inúmeras pessoas fora do convento em busca de aconselhamento e orientação. Sofreu repetidas doenças graves. Durante os últimos oito anos de sua vida, ficou acamada. Para levantar os ânimos das freiras que dela cuidavam, relatava de suas visões internas que, provavelmente, vivia desde a sua adolescência, e que guardara para si durante décadas.

Gertrudes de Helfta, quinze anos mais nova, aluna e confidente de Matilde, secretamente registrava as visões juntamente com outra freira. A própria Matilde, aparentemente, só tomou conhecimento disto anos depois. Inicialmente, opôs-se, mas após uma análise e com a aprovação da abadessa e do bispo, consentiu. Em seu livro, Gertrudes também relata a longa luta contra a morte de Matilde. Esta, por sua vez, logo foi reverenciada como santa, apesar de jamais ter sido canonizada.

Em seu livro *Liber specialis gratiae* (Livro da graça especial), que hoje fica à sombra das escrituras de Matilde de Magdeburg e Gertrudes a Grande, foi um dos livros mais populares do misticismo ocidental. Com o seu misticismo de Jesus (Orações do Coração de Jesus), principalmente nos séculos XV-XVII, abordava uma religiosidade católica com apelo para a mente e os sentidos, que teve o seu ápice no misticismo espanhol do século XVI. O livro foi traduzido para vários idiomas, além de também ser amplamente distribuído em versões resumidas (breviários). Para Matilde, a cantora, a resposta digna à ação de Deus é a graça de Deus.

## Matilde de Magdeburg (aproximadamente 1207-1282)

### Saudação e louvor da pecadora

Eu vos saúdo, Deus vivo!
Vós sois meu acima de tudo.
Felicidade infinita
Poder abertamente falar-vos
Sem perigo.
Quando meus inimigos estão atrás de mim
Refugio-me em teus braços.
Ali posso manifestar a minha angústia.
Pois Vós vos curvareis em minha direção.
Vós sabeis
Como tocar as cordas do meu espírito.
Portanto pode começar.
Assim serás sempre bem-aventurado.
Sou uma noiva ignóbil,
Mas Vós sois meu nobre noivo.
Esta será minha eterna alegria.
Lembrai-vos como podereis amar
O espírito puro em seu colo.
E, Senhor, realizeis isso comigo sempre.
Que eu somente seja sua única companheira.
Ó, Senhor, puxai-me para perto de Vós:

Assim me tornarei pura e clara;
Se me deixais sozinha em mim,
Permanecerei nas trevas e na dor. (1)*

☆

## Como Deus responde

A minha resposta é um dilúvio celestial tão imenso que
Se eu entregasse o meu poder a você,
Você perderia a sua vida humana.
Veja, eu preciso reter o meu poder
E encobrir a minha clareza,
Para que eu possa mantê-la por mais tempo para mim
No sofrimento terreno.
Até que toda a sua doçura floresça
À altura da eterna magnificência,
E a minha melodia de cordas docemente tocará para você
À altura do fiel presente de seu longo amor.
Contudo já começarei antes
E em teu Espírito tocarei as minhas cordas celestiais,
Para que você suporte esperar ainda mais.
Porque a noiva e o cavaleiro
Como saborosos pratos
Devem ser sempre preparados. (2)

☆

## Eu vos louvo, Senhor

Eu vos louvo, Senhor, salva pela vossa misericórdia.
Eu vos louvo, Senhor, honrada pela vossa humilhação.
Eu vos louvo, Senhor, guiada pela vossa humildade.
Eu vos louvo, Senhor, regida pela vossa sabedoria.

---

* Os números entre parênteses remetem à seção Documentos e fontes, p. 164s.

Eu vos louvo, Senhor, protegida pela vossa força.
Eu vos louvo, Senhor, santificada pela vossa graça.
Eu vos louvo, Senhor, iluminada pela vossa luz interior.
Eu vos louvo, Senhor, dignificada pela vossa bondade. (3)

✡

**Os dez benefícios da oração de um homem bom**

A oração tem grande força,
que o homem executa pleno de amor:
Ela transforma um coração amargurado em doce,
um coração triste em alegre,
um coração pobre em rico,
um coração estúpido em sábio,
um coração relutante em valente,
um coração fraco em forte,
um coração cego em coração com visão,
um espírito frio em radiante.
Ela faz Deus descer para um pequeno coração,
faz o espírito faminto subir ao Deus da plenitude,
ela reúne os dois amorosos, Deus e o espírito,
em um lugar prazeroso;
ali, falam muito sobre o amor. (4)

# Gertrudes a Grande (1256-1301/1302)

No primeiro tempo de graça, acho que foi no inverno do primeiro ou segundo ano, encontrei as seguintes palavras em um livro de orações:

Senhor Jesus Cristo, Filho do Deus vivo, permita-me, de todo coração, com todo o desejo e alma sedenta, buscar por ti. Permita-me descansar em ti, o mais tenro e doce. Permita-me desejar-te com toda a força do meu espírito e do meu ser interior, ó verdadeira bênção.

Deus misericordioso, com teu precioso sangue escreva as tuas feridas em meu coração, para que nelas eu possa ler a tua dor e o teu amor.

Permita-me que as lembranças das tuas feridas permaneçam para sempre no fundo do meu coração. Permita-me que a dor da compaixão com o teu sofrimento e a chama do teu amor se incendeiem em mim. Senhor misericordioso, mostre-me que tudo o que é material não tem valor nem importância: mostre-me que somente Tu preenches o meu coração.

Recebi esta oração com gratidão e procurei incluí-la com frequência em meus momentos de devoção interior. E Tu, que jamais ignoras os chamados dos humildes, Tu estivestes presente em minha oração e a tornastes eficaz. (5)

✼

Logo após o meu 25º aniversário, chegou a tal segunda-feira anterior à Festa da Purificação [...] Você me guiou até o meu mais profundo interior – até então, não o conhecia. E então você começou a agir dentro de mim, milagrosa e misteriosamente. Você me transformou de tal forma que passou a ter a intimidade de um amigo com amigos, ou do noivo com sua noiva na própria casa, como se pudesse encontrar a sua alegria em meu coração e com o meu espírito.

E você me visitou inúmeras vezes, em horários e momentos diversos; foram gratificantes as tuas visitas na Vigília da Anunciação e após a tua gloriosa Ascensão, porque tua visita iniciava-se de manhã e terminava somente após as Completas. Desde aquelas horas, você nunca mais se distanciou ou se afastou de meu coração; eu sempre sentia sua presença a cada vez que eu o procurava dentro de mim, exceto durante 11 dias; não consigo expressar em palavras quantas vezes você me abençoou com a sua graça.

Permita-me, doador de todas as bênçãos, que no espírito da verdadeira humildade eu lhe ofereça o sacrifício do louvor, pois através de grandes bênçãos de graça sua presença curadora tornou-se mais amada, mais cara para mim. Eu o agradeço, você transformou o meu coração em sua moradia; não li nem ouvi isso nem no Templo de Salomão (1Rs 6,1; 7,1; 9,1), nem no jantar de Ahasver (Est 1). Por que o que é maior que a alegria que você gerou em meu coração com a sua graça? Você permite que eu, criatura indigna, me relacione consigo como uma rainha com o rei. (6)

✡

Agradeço-lhe, também, por mais uma parábola, não menos benéfica e evidente, em que você me mostrou com que amor paciente você nos suporta com os nossos erros. Você quer nos melhorar, para conseguir nos guiar à nossa cura.

Houve uma noite em que fiquei muito furiosa. Quando, na alvorada do dia seguinte, aproximava-se a hora da oração, você surgiu diante de mim como uma criatura tão estranha, que o considerei um mendigo debilitado. E então a minha consciência começou a me atormentar: pensei o quanto é indigno inquietar você, a mais perfeita pureza e tranquilidade restauradora, com agitação e confusão. Além disso, pensei qual seria a atitude mais adequada quando a minha resistência contra o mal enfraquecer: Devo desejar a sua presença ou a sua distância?

E então você me respondeu: "Um doente só consegue andar com ajuda alheia para ser levado à luz do sol. De repente, surge uma tempestade. De que outra forma o doente pode ser consolado além da promessa de que o sol e o céu claro retornarão? Eis o que acontece comigo. O meu amor por você me venceu. Os seus erros são as tempestades, e, apesar dessas tempestades, eu decidi estar com você. Pois espero pelo céu claro da recuperação e me guio para o porto da humildade".

Não consigo expressar em palavras a abundância de graça que me concedeu nessa formação de três dias, como você me exaltou. Eu lhe suplico, aceite a minha humildade, aceite o meu coração; não tenho outra forma de lhe agradecer pelo seu amor. (7)

✡

Certo dia, eu estava no meio do convento e acabara de lavar as mãos, como de praxe, antes da refeição. O sol brilhava, e sua força irradiante (Revelação 1,16) atraía os meus pensamentos.

E então eu disse para mim, em meu espírito: "Se o Senhor, que criou o sol, e cuja glória é louvada pelo sol e pela lua (Ofício de Santa Inês), que é um fogo devorador (Hb 12,29; Dt 4,24), fosse tão verdadeiro comigo como tantas vezes me pareceu, então como eu posso ser tão cruel, insensível e falsa com as pessoas com quem convivo?"

Subitamente, você falou comigo, e suas palavras pareciam-me mais doces e benéficas do que nunca, pois meu coração instável e inquieto precisava urgentemente do seu apoio: "Como a minha onipotência poderia ser mais enfatizada e claramente reconhecida se eu não fosse ao encontro das pessoas de acordo com o local, a hora e a pessoa, de acordo com a capacidade de seu coração? Porque, desde a criação do céu e da terra, e durante toda a Obra de Redenção, sempre deixei a sabedoria da bondade se sobrepor ao poder da majestade. Eu tolero a imperfeição até onde eu a guio para a realização pela tua própria vontade; e é através dessa tolerância que a bondade da minha sabedoria brilha mais forte". (8)

✡

Certa vez, ela falou para o Senhor, com forte anseio: "Meu Senhor, posso orar agora?" O Senhor, com sua bondade, disse gentilmente: "Senhora Rainha, você pode me ordenar; eu atenderei ao seu desejo e vontade com mais rigor que um servo jamais serviu à sua Senhora". E então ela respondeu: "Meu Deus bondoso, obrigada pela sua graça e piedade. Mas por que, então, eu lhe pergunto, a minha oração permanece tantas vezes sem atenção, se você se mostra tão disponível para uma criatura indigna como eu?" E o Senhor responde: "Uma Rainha diz ao seu servo: 'Dai-me o fio que está pendurado atrás do meu ombro esquerdo!', acreditando haver um fio, apesar de ela não poder olhar para trás. O servo considera o que lhe fora ordenado, porque não vê o fio pendurado no ombro esquerdo, mas no ombro direito. Ele pega o que realmente encontrou, independentemente como, e estende para a sua senhora. E pensa: se ele tivesse pego um fio do lado esquerdo da túnica, teria seguido criteriosamente a ordem. É assim que ajo, eu que sou a imperscrutável sabedoria: sempre que eu não ouvir os seus pedidos e desejos, escolho, sem dúvida alguma, aquilo que é o melhor para você. Porque você, impedida pela sua fraqueza humana, não consegue identificar o que é melhor". (9)

## Matilde de Hackeborn (1241-1299)

### O coração de Deus

Certa vez, o Espírito pediu a Deus que lhe desse algo
que o fizesse lembrar-se dele sempre.
E recebeu a seguinte resposta:

Sim, eu lhe darei os meus olhos, com que vês tudo.
Meus ouvidos, com que ouves tudo.
Minha boca, para que através dela fales, ores e cantes.
Meu coração, para amares todos
Os pensamentos e todas as coisas.

Com estas palavras, Deus puxou o espírito para dentro de si
para que lhe parecesse poder ver com os olhos de Deus,
ouvir com os seus ouvidos,
falar com a sua boca
e não ter outro coração além do coração de Deus.
E eis o que ela experimentou diversas vezes depois. (10)

# Martinho Lutero
# (1483-1546)

Martinho Lutero nasceu em Eisleben, filho de pai mineiro e mãe de prestigiada família. Após sua formação escolar em Mansfeld, Magdeburg e Eisenach, estudou na faculdade em Erfurt entre 1501 e 1505. Em seguida, a pedido do pai, Lutero ingressou na Faculdade de Direito, abandonando-a pouco tempo depois para ingressar na Ordem Mendicante dos Eremitas Agostinianos em Erfurt. Essa fora uma promessa feita a Santa Ana em seu pavor e agonia durante um forte temporal com quedas de raios em campo aberto. Foi ordenado sacerdote (1506/1507) e iniciou os estudos da Teologia. Em 1512, foi transferido para Wittenberg, fez o doutorado e assumiu a cadeira de Leitura da Bíblia, que ocupou até o final de sua vida.

O Monge Lutero, posteriormente professor de Teologia, era movido pela questão: Como alcançar um Deus misericordioso? Como eu, pecador, posso ser justificado diante de Deus? A sensação de incapacidade de cumprir as exigências de Deus o levou a duvidar do perdão dos pecados aos cristãos. Suas aulas exegéticas sobre os Salmos, a Carta aos Romanos e outros livros bíblicos evoluíram para o desenvolvimento da Reforma que lhe "abriram as portas do paraíso": o reconhecimento de que a justiça de Deus torna a nós, os humanos, justos – a justificativa do pecador apenas através da misericórdia, e não através de obras. Mais tarde, Lutero descreve esse momento de virada como iluminação inesperada em seu escritório na torre sul do Convento Agostiniano de Wittenberg. Se, por um lado, não se sabe ao certo o dia ou período em que ocorreu essa virada, é indiscutível que Lutero viveu essa experiência como grande libertação. A certeza adquirida da salvação conferiu a Lutero a força – apesar de todas as contestações (o papa e Lutero chamavam um ao outro de anticristo) e lutas internas, e apelando para a Sagrada Escritura e Cristo – para desafiar todo o poder religioso e secular de seu tempo a lutar para sempre pela Reforma – não pela divisão, mas pela Reforma da Igreja. Lutero desejava apenas a interpretação correta do Evangelho (*sola scriptura – sola fide – sola gratia – solus christus*: somente (através) da Escritura – somente através da fé – somente através da misericórdia – somente Cristo).

Desde 1516, Lutero criticava abertamente algumas práticas religiosas da Igreja, principalmente a indulgência. O ápice se deu no dia 31 de outubro de 1517 com a publicação de suas teses contra a indulgência (95 teses foram afixadas na Abadia de Wittenberg). Após longo processo, com muitas disputas e pareceres, e por não revogá-las no Parlamento de Worms, em 1521 foi declarado um herege, excomungado e, juntamente com seus seguidores, foi oficialmente ameaçado pelo imperador ("Reichsacht"). Para protegê-lo, o príncipe-eleitor da Saxônia, Frederico o Sábio, o seu monarca, o "sequestrou" para o Castelo de Wartburg. Ali, ele traduziu o Novo Testamento em apenas onze semanas. Lutero encontrara amigos e apoiadores influentes. A Reforma se propagou rapidamente e com incrível dinâmica, nem sempre no sentido de Lutero. Dentro de poucos anos, Lutero se transformou em figura pública e uma entidade política, e permaneceria assim. Paralelamente às suas tarefas profissionais em Wittenberg, com frequência era chamado para tomar posição por escrito ou presencialmente em desentendimentos, elaborar pareceres e criar soluções: em questões teológica e intraprotestantes (Ceia do Senhor, [Ana]batistas, Autonomia), como também em questões político-religiosas (Guerra dos Camponeses 1525, Parlamento de Augsburg 1530, Liga de Smalkade 1531). Após o fracasso da tentativa dos protestantes de comprovar a conformidade de seus ensinamentos com os ensinamentos da Igreja Romana através de sua primeira confissão – *Confessio Augustana* – no parlamento de Augsburg, o novo ensinamento dos protestantes também teve que ser adequado às estruturas eclesiásticas.

O efeito de Lutero e a expansão da Reforma seriam inimagináveis sem a recém-surgida impressão gráfica: as escritas – livros, panfletos e folhetos com os seus ensinamentos – tiveram numerosas edições e rapidamente espalhavam as palavras de Lutero e as Reformas Luteranas em toda a Alemanha. O sucesso publicitário foi enorme: para cada alemão que sabia ler havia aproximadamente um livro de Lutero.

Com a sua elucidativa tradução da Bíblia (em 1534, seguiu-se o Antigo Testamento), Lutero influenciou não apenas o conhecimento bíblico de toda a população, mas também o estilo, o vocabulário e a forma da língua alemã até os dias atuais. A poesia lírico-religiosa também foi fortemente transformada por Lutero, com ele próprio escrevendo aproximadamente 40 textos líricos poderosos e de forte teor teológico que, em parte, são cantados até hoje ("Eine feste Burg" – "Um castelo forte"; "Vom Himmel hoch" – Do alto do céu"). Suas orações no "Pequeno Catecismo" são memorizadas por vários cristãos até hoje.

Para demonstrar a liberdade adquirida com o Evangelho também através de sua própria vida, em 1524 Lutero abdicou de sua vida como monge e, em 1525, casou-se com a ex-Freira Katharina von Bora, que lhe deu seis filhos. A sua mulher se tornou uma grande ajuda; ele a chamava carinhosa e ironicamente de "Meu

Senhor Käthe". E também amava acima de tudo os seus filhos, dos quais dois morreram cedo. A família de Lutero tinha um grande lar no antigo Convento Agostiniano de Wittenberg onde, além dos serviçais, sempre havia muitos hóspedes e estudantes. Por fim, existem provérbios e discursos com origem em Lutero ("Tischreden" – "Conversas à mesa").

O conselho de Lutero também era procurado para diversas questões espirituais e práticas; por exemplo, na ocupação de ministérios, em crises conjugais e outras questões. Apesar de sua longa doença cardíaca, em janeiro de 1546 ele viajou para Eisleben para mediar uma disputa do Conde de Mansfeld. Ele morreu ali, em sua cidade natal, no dia 18 de fevereiro. Foi sepultado na Wittenberger Schlosskirche (igreja do Castelo de Wittenberg). É o mais vigoroso e importante reformador da história eclesiástica, a que se referem todos os protestantes.

✡ ✡ ✡

**Oração pela fé**

Dá-me, Senhor, nem ouro, nem prata,
mas uma forte e sólida fé.
Não procuro a concupiscência ou alegria do mundo,
mas o consolo e o fortalecimento através da tua santa palavra.
Não cobiço nada do que o mundo estima grandiosamente,
porque isso não me melhora em nada diante de ti;
mas dá-me o teu Santo Espírito,
para iluminar o meu coração,
me fortalecer e me consolar em meu medo e minha aflição,
e na fé e na confiança em tua misericórdia
mantém-me até o meu fim. Amém. (1)

✡

### Como orar – para o mestre Pedro Barbeiro

Em primeiro lugar: quando sinto que me tornei frio e perdi a vontade de orar devido às ocupações ou pensamentos alheios, como a carne e o diabo estão constantemente dificultando ou impedindo a oração, pego o meu pequeno saltério, vou para o meu quarto ou, conforme o dia e a hora, para a igreja, em meio às pessoas, e começo a falar para mim mesmo, oralmente, os Dez Mandamentos, o Credo e, dependendo da minha disponibilidade de tempo, diversas citações de Cristo, de Paulo ou dos Salmos, assim como fazem as crianças.

Por isso é bom que a oração seja a primeira atividade do dia, pela manhã, e a última, à noite. E cuide-se muito bem desses pensamentos falsos e enganosos que dizem: Espere um pouco, daqui a uma hora vou orar, antes ainda tenho que resolver isso ou aquilo. Porque, com esses pensamentos, passamos da oração para os afazeres, que nos prendem e envolvem a ponto de não sair mais oração o dia inteiro. (2)

✷

E é por isso que pedimos, porque não somos dignos de pedir. E é justo por isso que nos tornamos dignos de pedir e sermos ouvidos, por acreditarmos que somos humildes, e nos entregamos plenos de fé à lealdade de Deus. Por mais humilde que você seja – olhe para isso e observe atentamente, mil vezes mais, dedique-se plenamente ao louvor à verdade de Deus e, na sua dúvida, não transforme a sua fiel promessa em mentira. Porque a sua dignidade não lhe ajuda, e a sua humildade não lhe atrapalha; mas a sua desconfiança lhe amaldiçoa, e a fé o torna digno e o salva. Portanto, por toda a sua vida, evite considerar-se digno de pedir e receber – a não ser que se considere audaciosamente digno da verdadeira e clara promessa do seu Deus misericordioso, que deseja lhe revelar a sua misericórdia dessa forma, concedendo atenção a você, humilde, não merecedor, sem que lhe fosse pedido, e que pretende ouvir você, orante humilde, pela graça e honrando a sua verdade e promessa: para que você não agradeça pela sua dignidade, mas pela verdade com que cumpre a promessa, e pela sua misericórdia com que prometeu, para que se mantenha o dito no Sl 25,10: "Todas as veredas do Senhor são misericórdia e verdade para aqueles que guardam a sua aliança e os seus testemunhos", misericórdia na promessa, misericórdia na realização e escuta da promessa. Assim como o Sl 85,10: "A misericórdia e a verdade se encontraram; a justiça e a paz se beijaram", ou seja, elas se encontram em cada ação e em cada dádiva por que pedimos.

Também, nessa confiança, devemos evitar dar a Deus uma meta, definir dia ou local ou a forma para o seu atendimento, e permitir que tudo seja de acordo com a sua vontade, a sua sabedoria e a sua onipotência, tranquilamente atentos à promessa, sem querer saber onde e como, quão rápido, através de que meios. Porque a sua sabedoria divina encontrará maneira e forma, hora e local incomparavelmente melhores do que podemos imaginar. E então também ocorreriam os sinais milagrosos do Antigo Testamento. Quando as crianças de Israel acreditavam que Deus as resgataria, apesar de não verem nem imaginarem nenhuma possibilidade de isso acontecer, o Mar Vermelho se abriu e abriu-lhes uma passagem e afogou todos os seus inimigos de uma só vez (Ex 14,28).

Da mesma forma, Judite, a mulher santa, condenou os habitantes de Betúlia ao ouvir que pretendiam entregar a cidade dentro de cinco dias caso Deus não lhes ajudasse, e disse: "Quem são vocês para tentar a Deus, colocando-se hoje publicamente acima dele? Se são incapazes de sondar a profundidade do coração humano e entender as razões dos pensamentos dele, como podem sondar a Deus, criador de tudo, e compreender a sua mente e entender o seu projeto?" (Jd 8,10s.). Por isso, Deus também lhe ajudou milagrosamente, e ela decapitou o grande Holofernes, assim expulsando os inimigos. E eis o que diz São Paulo:

"Ora, àquele que é poderoso para fazer tudo muito mais abundantemente além daquilo que pedimos ou pensamos, segundo o poder que em nós opera" (Ef 3,20). Por isso, devemos nos considerar pequenos demais para definir, limitar ou ordenar tempo, local, maneira e forma e demais circunstâncias daquilo que pedimos a Deus. Devemos nos entregar totalmente a Ele e acreditar piamente que nos atenderá. (3)

✶

Meu querido Deus, eu confesso, eu lamento dizer-lhe que sou uma criatura repulsiva, pecadora, instável e suja, mas eu sei que você, meu Deus, é meu Senhor, meu redentor e meu salvador. Eu sei e acredito que o seu Filho Jesus Cristo é meu salvador, e que Ele superou o pecado, o mundo, o demônio e o inferno. Eis o meu único consolo, eis o que acredito, a minha esperança, onde eu quero ser encontrado. Seja misericordioso comigo, pois não duvido da sua verdadeira promessa, pois você é a própria verdade, você não falta. Amém.

Ó Senhor, dê-me uma fé sólida, dê-me esperança contínua e dai-me um amor puro por você e o meu próximo. Amém. (4)

✶

Por esta razão, é de suma importância que o coração fique livre e disposto para a oração, como também diz Ecl 18,23: "Prepara o teu coração antes da oração, para que não ponhas o Senhor à prova". Que outra coisa é, senão tentar a Deus, se a boca fica tagarelando e o coração está distraído em outros lugares? Como aquele padre que reza assim: Deus, ajudai-me – Peão, já selou o cavalo? – Senhor, ajudai-me com urgência – Criada, vá ordenhar a vaca! – Louvado seja o Pai e o Filho e o Espírito Santo – Corre, menino, que a peste te pega! Destas orações ouvi e experimentei muitas em meu tempo no papado. E percebi que quase todas as orações são assim.

Assim, apenas se zomba de Deus; seria melhor que ficassem brincando ao invés disso, já que não querem fazer nada melhor. Eu mesmo orei muitas dessas horas canônicas, infelizmente, de sorte que o salmo ou a hora tinha passado sem que eu me desse conta se estava no começo ou no meio.

Nem todos se deixam levar no que dizem, como o padre acima mencionado, misturando os afazeres com a oração; não obstante procedem assim no coração com os pensamentos, perdem-se em mil fantasias, e, ao chegarem ao fim, não sabem o que fizeram ou por que partes passaram. Começam dizendo "Louvai o Senhor" e já estão no país das mil maravilhas. Acho que ninguém acharia ludíbrio mais ridículo se alguém pudesse ver os pensamentos que um coração frio e sem devoção vai misturando durante a oração. Mas agora, louvado seja Deus, estou vendo que não é uma boa oração se alguém se esquece do que falou. Porque uma oração bem-feita considera cuidadosamente todas as palavras e pensamentos do início até o fim da oração.

Assim, um barbeiro aplicado e competente tem que voltar o seu pensamento, sua atenção e seus olhos, com muita precisão, para a navalha e o cabelo, e não se descuidar, não sabendo se está afiando ou cortando. Mas, se ele, ao mesmo tempo, quisesse conversar ou ficar pensando ou olhando outras coisas, certamente cortaria fora a boca ou o nariz, e até o pescoço. Dessa forma, cada coisa que é para ser bem-feita, quer ter a pessoa inteira, com todos os seus sentidos e membros, como se diz: Quem pensa em muita coisa não pensa em nada, também não faz nada direito. Tanto mais a oração precisa ter o coração uno, por inteiro e exclusivo, se é que deva ser uma boa oração.

Com isso, está brevemente descrita a forma como eu mesmo costumo orar o Pai-nosso ou qualquer oração. Pois ainda hoje me alimento do Pai-nosso como um bebê, dele bebo e feito um velho; não consigo me fartar dele, sendo para mim a melhor de todas as orações, mais ainda que os salmos (que realmente aprecio muito). Na verdade, vemos que foi o Bom Mestre que a criou e ensinou, e é profundamente lastimável que tal oração, de tão excelente Mestre, seja recitada sem qualquer devoção e, assim, desvirtuada em todo o mundo. Muitos há que rezam talvez mil Pai-nossos por ano, e, mesmo que rezassem durante mil anos, não teriam provado nem orado sequer uma única letra ou pontinho. Enfim, o Pai-nosso é o maior dos mártires sobre a terra (como nome e como Palavra de Deus).

Pois todo mundo o maltrata e abusa dele, sendo poucos os que o consolam e alegram com uso conveniente.

✡

**Bênção da manhã**

Em nome do Pai e do Filho e do Espírito Santo! Amém.
Meu Pai celestial, graças te dou,
por Jesus Cristo, teu amado Filho,
por me haveres defendido de todo o dano e de todos os perigos
da noite passada,
e peço-te
que me preserves também neste dia
do pecado e de todo o mal,

para que todas as minhas ações e a minha vida te agradem.
Nas tuas mãos me entrego, de corpo e alma,
bem como todas as coisas.
Esteja comigo o teu santo anjo,
para que o inimigo maligno não tenha poder algum sobre mim. (6)

✤

## Uma carta à sua esposa (Eisleben, 10 de fevereiro de 1546, oito dias antes de sua morte)

À santa, mulher preocupada, senhora Katharina Luther, doutora, nascida em Zülsdorf, moradora de Wittenberg, minha graciosa, querida dona de casa.

A graça e a paz em Cristo! Santíssima Doutora! Sou-lhe grato pela sua grande preocupação que lhe tira o sono. Porque desde a época em que cuidou de mim, o fogo quisera nos devorar em nosso lar, duro em frente à porta do meu quarto. E ontem, sem dúvida pela força de sua preocupação, escapamos de uma pedra que teria caído em nossas cabeças e nos triturado como uma armadilha de ratos. Gotejava cálcio e lama sobre as nossas cabeças em nossa câmera secreta, até chamarmos alguém que tocou a pedra com dois dedos: e então ela caiu, do tamanho de um travesseiro e com um palmo de largura; quero agradecer pela sua santa preocupação, como se os anjos não tivessem protegendo. Temo que, se você não parar de se preocupar, a terra acabe nos devorando e perseguindo todos os elementos. É assim que você ensina o catecismo e credo? Ore você, e deixe Deus cuidar. Você não precisa cuidar de mim ou de você. Está escrito: "Lança o teu cuidado sobre o Senhor, e Ele te susterá", Sl 55,23, e em diversos outros trechos. (7)

✤

**Oração da noite**

Em nome do Pai e do Filho e do Espírito Santo! Amém.
Agradeço-te, meu Pai celeste,
por Jesus Cristo, teu Filho amado,
que bondosamente me guardaste nesse dia,
e peço-te queiras perdoar-me todos os pecados
e injustiças que cometi,
e guardar-me misericordiosamente nesta noite.
Pois confio a mim mesmo, meu corpo e minha alma,
e tudo, em tuas mãos.
Teu santo anjo esteja comigo,
para que o mal adversário não se apodere de mim. (8)

# Jeanne-Marie Guyon du Chesnoy (1648-1717)

Jeanne-Marie Bouvier de la Motte foi filha de um juiz próspero. Durante a sua educação no mosteiro, entrou em contato com a filosofia mística. Não conseguiu concretizar a sua intenção de tornar-se freira. Em 1664, casou-se com o nobre Jacques Guyon, Seigneur du Chesnoy, 22 anos mais velho, em um casamento arranjado. Teve um casamento infeliz, e apenas três de seus cinco filhos sobreviveram. Em 1668, teve um encontro espiritual em que um franciscano lhe recomendou buscar Deus dentro de si. Com essa virada, iniciou-se uma vida severamente ascética.

Em 1676, o seu marido faleceu; em 1679 Guyon vivenciou uma unificação interior com Deus. Em Gex, próximo a Genebra, durante algum tempo gerenciou uma casa para calvinistas convertidas para o catolicismo. Pouco depois, iniciou as suas atividades como escritora em Thonon, com *Torrentes espirituais*. Após anos de peregrinação surgiram outras obras, como *Método rápido e fácil para a oração*, além de comentários místicos sobre o Livro Sagrado) e seguidores se reuniram ao seu redor, em 1686 estabeleceu-se em Paris. Ela exerceu forte influência também sobre Madame de Maintenon, a amante do Rei do Sol, Luís XIV. Em 1688, no âmbito de uma onda antimística na França – causada por um processo de inquisição em Roma – Guyon foi internada em um mosteiro parisiense por ordem do arcebispo de Paris, provavelmente porque a sua influência sobre a amante do rei era demasiado grande. Após sua libertação, conheceu o educador de príncipes François Fénelon, a quem ela também impressionou profundamente e com quem manteve uma relação estreita.

Em 1694, o poderoso bispo de Meaux, Jacques Bénigne Bossuet, envolveu Guyon na discussão acerca do Quietismo, ao constatar mais de trinta irregularidades em uma análise teológica de suas escrituras. No Quietismo, uma devoção puramente interior, a vida espiritual deve ser totalmente passiva e a vontade própria deve ser anulada. Uma das formas é a oração passiva que Guyon ensinava. Fénelon redigiu uma defesa, Guyon revogou em 1695. Ainda assim, foi internada como uma inimiga do Estado primeiramente na Fortaleza Vincennes, posteriormente em um mosteiro e, entre 1698 e 1703, até mesmo na Bastilha.

✵ ✵ ✵

Muitas pessoas consideravam a devoção a Deus tão terrível, e a oração interior tão incomum, que sequer empenhavam-se por isso. Afinal não tinham esperança de alcançar o objetivo. Imaginar a dificuldade de uma ação rouba qualquer esperança de jamais se conseguir esse feito e, ao mesmo tempo, reprime a vontade de sequer tentar. Mas quando se tem em mente que algo é promissor e fácil de ser alcançado, o fazemos com alegria e persistência. Foi o que me motivou a apresentar a vantagem e a leveza desse caminho.

Se apenas nos convencêssemos da bondade de Deus diante de suas pobres criaturas, de sua vontade de se comunicar com eles! Não tornaríamos nada disso monstruoso e não perderíamos tão facilmente a esperança de obter uma dádiva que Ele tanto quer nos dar.

Como Ele poderia nos negar algo, depois de "nem mesmo seu Filho poupar, e o entregar por todos nós"? (Rm 8,32). Certamente não. É preciso apenas um pouco de coragem e persistência. Investimos tanto em pequenos interesses mundanos, e nada para "o único necessário" (Lc 10,42).

Os que consideram praticamente impossível encontrar Deus facilmente através desse caminho não devem acreditar no que eu lhes digo. Devem, muito mais, experimentar e chegar a uma conclusão por si mesmos. E verão que, em comparação com o seu real poder, eu até falei pouco.

✿

Qualquer um é indicado para a oração interior. É uma grande infelicidade que quase todo mundo cisma não ter habilidade para a oração interior. Todos nós temos habilidade para a oração interior, assim como todos somos dignos da salvação. A oração nada mais é que a abertura do coração para Deus, o exercício interior do amor. Paulo nos adverte a orar sem interrupção (1Ts 5,17). Jesus Cristo diz: "O que eu vos digo, digo a todos: Orai sem cessar" (cf. Mc 13,33.37). Portanto, todos podem exercitar a oração interior, e todos devem fazê-lo. Mas confesso que nem todos conseguirão concluir a oração meditada; apenas poucos têm essa habilidade. Tampouco é essa a forma de oração que Deus exige e que eu espero de vocês.

Todos que queiram orar internamente o conseguem facilmente com ajuda da graça e das dádivas do Espírito Santo, comuns a todos os cristãos.

A oração interior é a chave para a plenitude e a máxima felicidade. É uma ajuda eficaz para nos purificar de todos os erros e nos dotar de todas as boas características; pois o melhor caminho para a plenitude é: caminhar na presença de Deus. Ele próprio nos diz: "Anda em minha presença e sê perfeito" (Gn 17,1). A oração interior, por si só, lhe transmitirá essa presença constantemente.

✡

Portanto, trata-se de aprender uma forma de oração que pode acontecer a qualquer instante que não interfere nas ocupações exteriores, podendo ser executada por príncipes, reis, prelados, padres, funcionários públicos, soldados, crianças, artesãos, trabalhadores, donas de casa e enfermos. Não é orar com a cabeça, é orar com o coração.

Não é uma oração meramente pensada, porque o pensamento do homem é tão limitado que, se estiver pensando em uma coisa, não consegue pensar em outra. Já a oração do coração não é interrompida por todas as atividades da mente.

Nada pode interromper a oração do coração, exceto tendências desordenadas. Uma vez provado de Deus e da doçura do seu amor, é impossível se satisfazer senão com Ele.

Existem dois tipos de pessoas que permanecem em silêncio: as que não têm nada a dizer, e as que têm muito a dizer. E é assim também nessa etapa: permanecemos em silêncio por abundância, e não por escassez.

A água pode matar duas pessoas de maneiras opostas. Um morre de sede, o outro se afoga: um morre por escassez, outro por excesso. Nessa etapa da oração, é o excesso que impede de prosseguir. Por isso, aqui é tão importante permanecer em silêncio durante o tempo que for necessário.

Um bebê, mamando no peito de sua mãe, nos mostra isso claramente. Primeiramente, movimenta os seus pequenos lábios para estimular a produção do leite; quando o leite começa a sair em abundância, ele se satisfaz por beber o leite, sem qualquer movimento. Caso se movimentasse, seria pior, o leite derramaria sem que ele pudesse bebê-lo.

Da mesma forma, no início da oração interior devemos mover os lábios da afeição amorosa. Mas quando o leite da graça estiver fluindo, não devemos fazer nada além de permanecer em silêncio e recebê-la atentamente, e quando o leite parar de fluir, mover ligeiramente a afeição amorosa, como a criança o faz com os lábios. Quem quiser fazer diferente, não se beneficiará dessa graça. Aqui, ela se manifesta apenas pela atração do silêncio do amor, e não para estimular o movimento da própria diversidade.

Tudo que é grande na religião também é simples. Os sacramentos mais necessários são os mais fáceis. As coisas naturais também funcionam assim. Vocês querem chegar até o mar? Entrem em um barco no rio, e imperceptivelmente e sem esforço chegarão ao mar. Querem chegar até Deus? Sigam esse caminho, tão suave e simples, e em pouco tempo chegarão lá, de forma surpreendente.

Se ao menos vocês quisessem tentar! Logo veriam que falam pouco a respeito para vocês, e que a experiência com essa forma de oração vai muito além do que dizem a respeito. Vocês temem o quê? Por que não se jogam imediatamente nos braços do amor, que se abriram na cruz apenas para envolvê-los? Que perigo poderia existir na confiança em Deus e na entrega para Deus? Ele não os decepcionará, a não ser de modo bem-vindo, dando-lhes muito mais do que esperam. Já aqueles que esperam tudo de si próprios de fato poderiam se deparar com a acusação que Deus faz através de Isaías: "Na tua comprida viagem te cansaste, porém não disseste: Não há esperança" (Is 57,10).

✲

Quando o vento sopra em nossa face, quando o vento e a tempestade são fortes, é preciso jogar a âncora no mar para segurar o navio. Essa âncora nada mais é do que a confiança em Deus e a esperança pela sua bondade, enquanto pacientemente se aguarda pela tranquilidade e pelo silêncio, e pelo retorno do vento favorável. Como o fez Davi: "Disse comigo mesmo: guardarei os meus caminhos para não pecar com a língua; porei mordaça à minha boca, enquanto estiver na minha presença o ímpio" (Sl 39).

Portanto, devemos nos entregar ao Espírito de Deus e nos deixar guiar pelos seus movimentos.

# Matthias Claudius
# (1740-1815)

Matthias Claudius nasceu em Holstein, filho de padre luterano, que determinou que ele seguisse os estudos da Teologia. Até 1762, estudou na Universidade Jena, onde, entretanto, sentiu-se mais atraído pelas disciplinas laicas. Presume-se que tenha retornado para casa sem concluir os estudos, e começado a publicar suas primeiras tentativas poéticas. Foi contratado como secretário particular de um conde de Copenhague e, por fim, como redator do jornal de Hamburgo "Adress-Comptoir-Nachrichten". Conheceu os poetas Klopstock, Herder e Lessing, que o influenciaram fortemente. Após sua demissão, em 1770 Claudius estabeleceu-se em Wandsbek e, juntamente com Johann Bode, a partir de 1771 tornou-se redator do "Wandsbeker Boten", um jornal com quatro edições semanais sobre acontecimentos políticos e uma parte menor "para aumento da civilidade e informação do povo". Ali, Claudius publicava poesias, comentários, críticas, redações e reuniões, por exemplo, sobre os dramas de Lessing e o "Werther" de Goethe. Casou-se com a filha de artesãos Rebekka Behn, com quem teve onze filhos. Em sua família, sentia-se rico e feliz, apesar da sua situação financeira, muitas vezes, ser bastante desfavorável. O "Wandsbeker Bote" tornou-se conhecido em toda a Alemanha graças a ele, mas, apesar das contribuições do famoso poeta, precisou ser fechado em 1775. Claudius começou a publicar suas Obras completas (*Asmus omnia sua secum portans*). Temporariamente, com o apoio de Herder o Claudius conseguiu um rendimento seguro como supremo comissário nacional na cidade de Darmstadt, onde também fundou um jornal, mas não permaneceu. Em 1777, a família retornou para Wandsbek, e Claudius ocupou um posto de educador. A partir de 1785, a situação financeira precária da família chegou a um fim porque Claudius passou a receber uma pensão anual da corte dinamarquesa e, mais tarde, também um cargo de inspetor no Altonaer Bank, o que lhe permitiu seguir definitiva e livremente como escritor. Durante a guerra decorrente da ocupação francesa, em 1813 Claudius fugiu de Wandsbek para Kiel e Lübeck. Os seus últimos meses de vida passou gravemente doente na casa de seu genro Friedrich Christoph Perthes, fundador da editora de mesmo nome.

A obra de Claudius é filosoficamente fundamentada pela troca de correspondência entre Asmus (um pseudônimo de Claudius) e seu primo Andres, uma dupla fictícia de amigos. As cartas de ambos giram sempre em torno da verdadeira fé e da verdadeira devoção. Durante o período do Iluminismo, surgiu um conflito entre a religião ortodoxa e a religião sensata. Do ponto de vista de Claudius, a razão apenas é uma criada da fé; para ele, a sensitividade e a intuição são pilares imprescindíveis de sua fé luterana.

Pouco se fala sobre o seu envolvimento também em questões políticas, sempre de modo pacífico, mas não necessariamente conservador, e também crítico com relação aos governantes. O ápice artístico de sua obra são as poesias cantadas e os hinos sacros ("O inverno é um homem severo", "Nós aramos e semeamos"), dos quais a canção noturna "A lua nasceu", transformada em canção popular, ficou mundialmente conhecida.

✡ ✡ ✡

**Para cantar diariamente**

Eu agradeço a Deus e me alegro
Como a criança no Natal
Porque eu sou, sou! E por ter você
Belo rosto humano;

Por conseguir ver o sol, a montanha e o mar,
E as folhas e o gramado,
E à noite, andar sob imenso exército de estrelas
E a querida lua;

E por lembrar
De quando éramos crianças,
E víamos o que o Santo Cristo
Havia trazido presentes. Amém!

Agradeço a Deus com música,
Por não ter me tornado rei;
Teria sido muito bajulado
E, provavelmente, corrompido.

Também oro para Ele de coração
Porque neste mundo
Não sou um grande homem rico,
E provavelmente também não serei.

Porque a honra e a fortuna movem e inflam,
Têm os seus perigos,
De partir o coração,
Que outrora eram atraentes.

E todo o dinheiro e todos os bens
Permitem muitas coisas,
Mas saúde, sono e bom humor
Não conseguem gerar.

Ainda sim, de um jeito ou de outro!
São verdadeira fortuna e bênção!
Portanto não vou me sacrificar em demasia.
Por causa de todo o dinheiro.

Que Deus me dê apenas cada dia,
Tantos quantos eu puder viver.
Ele dá ao pardal no telhado;
Por que não daria para mim?

✡

## Sobre a oração – Ao meu amigo Andres

É curioso que você me peça instruções sobre a oração; você certamente compreende muito melhor do que eu. Você consegue estar tão *em* você e parecer tão perturbado e tonto que, se o Padre Eli fosse o *seu pastor loci*, facilmente arruinaria a sua reputação. E esses são bons sinais, *Andres*. Porque, quando a água se desfaz em chuva fina, não há moinho que ela consiga mover, e onde há ruídos e rumores nas portas e janelas de casa, não acontece muita coisa.

Eu não acho necessário que a pessoa vire os olhos etc. ao orar, mas se for melhor para ela: claro! No entanto, acho desnecessário insultar a pessoa por ela não estar fingindo; já uma postura de grandeza e pomposidade na oração, isso sim merece ser criticado, é inaceitável. Pode-se ter coragem e autoestima, mas não ser pretensioso e atrevido; porque se alguém pode opinar e ajudar a si mesmo, então que o faça. Unir as mãos para orar é um gesto externo delicado, faz parecer que a pessoa está se entregando incondicionalmente, rendendo-se etc. Contudo, em minha opinião, a entrega, o alvoroço e os desejos internos, secretos do coração são a essência da oração; portanto não consigo compreender por que as pessoas afirmam não quererem orar. É como se dissessem que não devemos ter desejo algum, ou não devemos ter barba ou orelhas. É preciso ser um menino muito trouxa para jamais pedir algo ao seu pai, e antes de qualquer coisa passar metade do dia refletindo se deve ou não chegar a esse extremo. Se o desejo o toca por dentro, *Andres*, e a compleição se acalora, ele não perderá tempo lhe questionando, ele o atropelará feito um homem forte e bem-preparado, rapidamente o sobrecarregará com algumas palavras, e baterá na porta do céu.

Mas esta é outra questão: o que e como devemos orar. Se alguém conhece a essência deste mundo, e sinceramente aspira pelo que é melhor, então a oração é o caminho certo. Mas o coração do homem é arrogante e insensato desde o ventre materno. Não sabemos o que é bom para nós, *Andres*, e o nosso maior desejo muitas vezes nos traiu! Então não devemos insistir, e sim ser tolos e discretos e preferir entregar tudo àquele que sabe melhor do que nós.

Agora, se a *Oração de um espírito aflito* é capaz de causar determinado efeito, ou se o *nexus rerum* não o é, como alguns senhores estudiosos acreditam, não discutirei. Tenho todo o respeito pelo *nexus rerum*, contudo sempre me faz lembrar de Simão, que deixou o *nexus* das portas inteiro e, como se sabe, levou o portão inteiro montanha acima. Resumindo, *Andres*, acredito que a chuva seja bem-vinda na *seca*, e que o cervo não grite à toa por água fresca, só porque alguém está orando *apropriadamente*, e é *justo*.

O nosso "Pai-nosso" é a melhor oração, porque você sabe quem a escreveu. Mas nenhuma pessoa do mundo consegue orá-la em seu sentido original; apenas a reproduzimos de forma cada vez mais pobre. Mas isso não chega a ser um problema, *Andres*, se a intenção for boa; o Bom Deus sempre fará o melhor. E Ele sabe como deve ser. Só porque você está pedindo, eu quero lhe falar com sinceridade como eu faço com o "Pai-nosso". Mas eu acredito que seja de uma forma muito pobre, e aceito sugestões.

Veja, quando eu quero orar, primeiramente penso em meu Pai divino, que foi tão bom e que tanto gostava de me prover. E então imagino o mundo inteiro como sendo a casa de meu Pai; e imagino que todas as pessoas da Europa, Ásia, África e América sejam os meus irmãos e minhas irmãs; e Deus está no céu, sentado em uma cadeira de ouro, e estendeu a sua mão sobre o mar e até o fim do mundo, e sua mão esquerda plena de cura e bondade, e dos cumes das montanhas em volta emana fumaça – e então eu começo:

**Pai nosso que estais nos céus. Santificado seja o vosso nome.**

Já começo não entendendo. Os judeus, aparentemente, conheciam alguns segredos acerca do nome de Deus. Mas deixo isso para lá e apenas desejo que o pensamento em Deus e qualquer sinal que nos permita *reconhecê-lo* seja grande e sagrado para mim e para todas as pessoas.

**Venha a nós o vosso reino.**

Aqui penso em mim mesmo, como dentro de mim sou movido de um lado para o outro, ora regido por isso, ora por aquilo, e que tudo isso são sofrimentos do coração, e que não consigo chegar a uma conclusão. E então penso *como seria bom* para mim se Deus pudesse acabar com todos os feudos e Ele próprio me reger.

**Seja feita a vossa vontade, assim na terra como no céu.**

Aqui, imagino o céu com os anjinhos divinos que, com alegria, cumprem o seu desejo, e nenhum mal os atinge; eles são plenos de amor e plenitude e se rejubilam dia e noite; e então penso: quem me dera ser assim na Terra também!

**O pão nosso de cada dia nos dai hoje.**

Todos nós sabemos o que significa o pão de cada dia, e que precisamos comer enquanto estivermos na Terra, e que também é saboroso. É nisso que eu penso aqui. Lembro-me, também, dos meus filhos, que também gostam de comer e comem com prazer. E então oro para que o Pai bondoso nos dê algo para comer.

**E perdoai as nossas ofensas, assim como nós perdoamos a quem nos tem ofendido.**

É doloroso ser ofendido, e o homem é vingativo. Também me parece ser assim. E também gostaria de me vingar. Mas então o *servo impiedoso* do Evangelho surge à minha frente: e fico de coração partido, e pretendo perdoar o meu servo cúmplice e não lhe falarei nem uma palavra dos *cem denários*.

**E não nos deixeis cair em tentação.**

Aqui, penso em vários exemplos em que as pessoas se afastaram do bem em determinadas circunstâncias e tombaram; e que o mesmo poderia acontecer comigo.

**Mas livrai-nos do mal.**

Aqui, ainda lembro-me das tentações, e que o homem pode ser tão facilmente seduzido e se perder do caminho correto. Ao mesmo tempo também penso em todas as dificuldades da vida, na tuberculose e na velhice, na dor do parto, nas úlceras e na loucura e na miséria milenar e nas doenças de coração que há no mundo e martirizam e maltratam as pessoas, sem que ninguém possa ajudar. E você verá, *Andres*, se antes não houve lágrimas; aqui elas certamente virão, e a pessoa torna-se aparentemente tão desejosa e, em si, tão infeliz e abatida, como se não recebesse ajuda alguma. Mas então é preciso encorajar-se a calar-se e, triunfante, prosseguir:

Pois teu é o reino, o poder e a glória para sempre. Amém.

# Søren Kierkegaard
# (1813-1855)

Søren Aabye Kierkegaard foi o caçula de sete filhos de um rico comerciante de lã dinamarquês, já mais velho e que seguia os movimentos morávio e do pietismo. Sua juventude foi marcada pela educação severa e religiosa do pai melancólico. De 1830 a 1840, Kierkegaard estudou Filosofia e Teologia Protestante em Copenhague, e concluiu os estudos com uma dissertação: "O conceito de *Ironia* constantemente referido a Sócrates". Inicialmente, planejava ser pastor, e em 1840 ficou noivo de Regine Olsen, mas um ano depois desfez o noivado por motivos não totalmente esclarecidos. A experiência do fracasso pessoal culminou em uma crise e marcou para sempre Kierkegaard, que se considerava uma existência excepcional.

Durante um ano, estudou em Berlim com o filósofo F.W.J. Schelling, e revelou uma imensa produtividade literária. O patrimônio herdado permitiu-lhe viver como escritor independente e publicar o que quisesse. A sua primeira obra, *Ou – Ou* (1843) o tornou rapidamente famoso. Principalmente os escritos filosóficos, que eram frequentemente publicados sob um pseudônimo (p. ex., *O temor e o tremor, O conceito de angústia, Migalhas filosóficas*). De 1834 a 1854, Kierkegaard manteve um diário bastante detalhado. Além disso, entre 1843 e 1851, publicou mais de 80 importantes recitações e sermões cristãos.

Em 1845/1846, Kierkegaard provocou um desentendimento com a revista satírica *O corsário*. Em resposta, a revista ridicularizou publicamente Kierkegaard, que já atraía muita inveja e deboche, com caricaturas. Kierkegaard ficou profundamente sentido.

Em suas escrituras, Kierkegaard defendia fervorosamente a ideia do cristianismo contra a forma de cristandade predominante em Copenhague em seu tempo. Decidiu atacar a Igreja do Estado dinamarquesa e, como alvo, escolheu um de seus antigos professores que, desde 1854, era bispo da Igreja dinamarquesa. Ao final de 1854 publicou no jornal a acusação de que a Igreja havia traído o verdadeiro cristianismo, e que a Igreja Luterana do Estado seria o novo paganismo. Com relação ao seu antigo professor, negou que este fosse um testemunho de fé. Em 1855 publicou no jornal fundado por ele mesmo, *Der Augenblick* (em português, O momento), polêmicas contra a hipocrisia dos bispos e padres e a Cristandade pequeno-burguesa; ele formulou o apelo para "distanciamento do culto público atual, para se ter uma culpa a menos". Ele tentou destacar melhor a essência de uma vida cristã com seguimento e renúncia (p. ex., em *Einübung im Christentum* – em português, Exercício do cristianismo). Segundo Kierkegaard, não existem autoridades ou instituições objetivas que assegurem a verdade da fé, mas a única certeza é a própria fé, através da qual o homem de fé se torna "simultâneo" com Cristo.

Em 1855, Kierkegaard desmaiou na rua, em Copenhague, e pouco depois faleceu. Ele é considerado o precursor da Filosofia existencialista e da Teologia dialética (Karl Barth).

✻ ✻ ✻

Mas se você pudesse aprender a se tornar como o lírio e o pássaro, e se eu pudesse aprender, então a palavra da oração que finaliza a oração das orações se tornaria verdade em você e em mim;

exemplarmente para todas as orações que vislumbram a felicidade cada vez maior e, por fim, a felicidade máxima, essa oração, por fim, não tem nada, nada mais que pretenda pedir ou desejar, mas se encerra em plena felicidade com o louvor e a adoração: "Pois teu é o reino e o poder e a glória". Sim, teu é o reino: e por isto você deve permanecer em silêncio, para que não o perturbe com a sua existência, mas a expresse com silêncio solene: dele é o reino. E dele é o poder. E dele é a glória; e por isso você, em tudo o que faz e em tudo o que sofre, ainda é imprescindível que faça o seguinte: que o honre, pois dele é a glória.

Ah, essa felicidade plena: dele é o reino e o poder e a glória – para sempre. "Para sempre", veja este dia, o dia infinito, ele provavelmente jamais chegará ao fim. Portanto, prenda-se a essa palavra, de que é dele o reino, o poder e a glória, para sempre, e terás um "hoje" sem fim, um "hoje" em que você eternamente pode tornar-se presente a si mesmo. E mesmo que o céu desmorone, e todas as estrelas mudem de lugar na revolução de tudo, e que o pássaro morra e o lírio murche: a sua felicidade com a adoração e você, em sua felicidade, sobreviverão até hoje a todos as ruínas. (1)

✱

### Rezar é escutar

Quando a minha oração foi se tornando cada vez mais devota, comecei a ter cada vez menos o que dizer.
Por fim, fiquei em silêncio total.
Tornei-me o que porventura ainda é um grande oponente
à conversa,
tornei-me alguém que escuta.
Inicialmente pensava que rezar era falar;
aprendi, porém,
que rezar não é apenas ficar em silêncio, mas escutar.

Rezar não é apenas nos ouvir a falar.
Rezar é ficar em silêncio e estar em silêncio,
e esperar até que o Deus que reza, escute. (2)

✭

**Lírio e pássaro**

Que aprendamos o que é tão difícil de aprender
em meio ao tumulto dos homens.
Aquilo que aprendemos,
tão facilmente esquecemos:
O que significa ser homem, e fazer o que Deus
demanda de nós.
Que o aprendamos, e caso o tenhamos esquecido,
tornemos a aprender do lírio e do pássaro.
Que o aprendamos, senão de uma só vez
e cabalmente, ao menos em parte e pouco a pouco.
Que aprendamos agora do lírio e do pássaro:
Silêncio. Obediência. Alegria. (3)

✭

**Pai no céu,**

você fala de diversas maneiras com um homem.
Você, a quem pertence toda a sabedoria e razão,
quer se fazer compreender.
Mas, mesmo em silêncio
você fala com ele,
porque quem fala, também fica em silêncio para
ouvir o aprendiz;

quem fala, também fica em silêncio para avaliar o amado;
quem fala, também fica em silêncio
para que a hora da bênção
seja mais interior possível, quando vier.
Pai no céu, então não é?
Ah, o momento do silêncio, quando um homem
solitário e abandonado não escuta a tua voz,
parece-lhe que a separação é para sempre.
Ah, o momento do silêncio, quando um homem
sente sede no deserto
por não ouvir a sua voz, e então lhe parece
que ela se perdeu dele para sempre.
Pai no céu, é apenas o momento do
silêncio
na profundidade do diálogo,
então abençoado seja, também, este silêncio,
assim como cada uma de suas palavras para um homem
jamais o deixe esquecer que você também fala
quando está em silêncio;
dê-lhe este consolo quando ele acreditar em você,
que você fala por amor, para que, então,
em silêncio ou falando,
você continue sendo o mesmo Pai. (4)

✡

### Oração segundo 1Jo 3,20

Grandioso és, ó Deus; apesar de só o conhecermos como em uma palavra escura e como em um espelho, mesmo assim adoramos a tua grandiosidade – quanto melhor a conhecermos, mais a louvaremos! Quando estou de pé sob a abóbada celeste, rodeado pelos milagres da criação, louvo, emocionado e em oração, a sua grandiosidade: com que facilidade Tu sustentas as estrelas na imensidão, e como um pai cuida dos pássaros. Mas quando estamos todos reunidos aqui em tua casa divina, também estamos todos rodeados por aquilo que, de forma ainda mais profunda, nos remete à tua grandiosidade. Porque Tu és grandioso, ó criador e mantenedor do mundo; mas quando Tu, ó Deus, perdoastes o pecado do mundo e te conciliaste com os pecadores, Tu foste ainda mais grandioso em tua incompreensível misericórdia! Como não podemos louvá-lo com fé e orar e agradecer, aqui em tua divina casa, onde tudo nos alerta, principalmente àqueles que hoje estão aqui reunidos para receber o perdão de seus pecados e para novamente ficar em paz contigo e com Cristo. (5)

# Charles de Foucauld
# (1858-1916)

Charles Eugène Vicomte de Foucauld nasceu em Estrasburgo. O seu pai era de uma antiga e rica família nobre. Antes dos 6 anos de idade, Charles perdeu os pais e passou a ser criado com sua irmã pelos avós maternos. Charles foi um excelente aluno, primeiramente em Nancy e, mais tarde, em um colégio jesuíta em Paris, de onde, entretanto, foi expulso por mau comportamento. Teve uma educação católica, mas, aos 16 anos, abandonou a fé e viveu como *enfant terrible* de sua família que, volta e meia, o interditava. Levou uma vida libertina na escola de oficiais e na escola de cavaleiros e, por vezes, era suspenso do Exército por problemas disciplinares e por causa de uma relação indecorosa com alguma mulher. Em 1881, uma revolta eclodiu na Argélia; Foucauld lutou como coronel e se destacou. Quando, entretanto, foram-lhe negadas férias para uma viagem exploratória na Tunísia e na Argélia, ele abandonou o Exército definitivamente e, em 1883/1884, disfarçado de rabino, partiu para uma expedição no Marrocos, um país muçulmano que, naquela época, não admitia cristãos em seu território. Os resultados de sua pesquisa, publicados após a viagem, chamaram muita atenção e renderam-lhe a medalha de ouro da Sociedade de Geografia em Paris. Em 1885, seguiu para outra viagem.

O contato com o islamismo despertara o interesse religioso de Foucauld e o fizera lembrar-se de suas raízes católicas. Em Paris, começou a frequentar a igreja. Sempre repetia a oração: "Ó Deus, se você existe, permita-me que eu o reconheça". A sua prima, dez anos mais velha, impressionava-o com sua profunda fé, e apresentou-lhe o pastor e capelão Abbé Huvelin. Em um dia de outubro de 1886, pediu-lhe por instrução na fé. Huvelin o convocou para a confissão e comunhão, para que ele tivesse fé. Foucauld fez uma confissão de vida – e encontrou a fé. A partir dali, quis viver somente para Deus.

Inicialmente, seguindo a sugestão de Huvelin, que continuou sendo o seu capelão e amigo, Foucauld fez uma peregrinação até a Terra Santa (1888/1889), seguida de exercícios espirituais em diversos mosteiros. Em janeiro de 1890, ingressou no Mosteiro Trapista Notre-Dame-des-Neiges (Ardèche). Pouco depois, mudou-se para a filial Sacré-Coeur em Akbes, na Síria. Em 1892, recebeu os seus votos. A coordenação da Ordem ordenou-lhe que estudasse Teologia em Roma, o que ele fez por um ano. Ali, obteve clareza sobre o seu caminho. Em 1897, deixou a Ordem porque esta não atendia ao seu rigoroso ideal de pobreza, e professou os seus votos pessoais de castidade e pobreza. Segundo ele, sem castidade e pobreza não seria possível se dedicar verdadeiramente ao amor e à adoração por Deus. Em Nazaré e Jerusalém, viveu como funcionário de um Mosteiro das Clarissas. Queria estar presente entre os mais pobres dos pobres e compartilhar de suas vidas, colocar o testemunho da vida à frente do testemunho da palavra.

Em 1901 foi ordenado sacerdote. Pediu permissão para se estabelecer no Saara. Passou a viver como eremita e missionário, "Irmão Charles de Jesus", no deserto, em rigoroso ascetismo, pleno de amor por Jesus e pelas pessoas à sua volta, levando-lhes medicamentos e alimentos, e orientando-as na agricultura e na economia doméstica. Diversas vezes, acompanhou oficiais das tropas francesas em cavalgadas de exploração para o interior.

Nos últimos onze anos viveu com os tuaregues no deserto do maciço argeliano de Hoggar (Ahaggar). Aprendeu o complicado idioma desse povo (Tamashek), redigiu um dicionário até hoje insuperável, colecionou e traduziu as suas poesias, e traduziu os evangelhos para o idioma tuaregue. Viajou três vezes para a França para encontrar amigos com ideais comuns e fundar uma Ordem própria, o que, inicialmente, não foi possível. Em 1916 foi assassinado por nativos rebeldes no Saara.

Após a sua morte, formaram-se onze ordens religiosas e oito outras sociedades originadas em Foucauld. Em 2005, o Papa Bento XVI o beatificou.

✡ ✡ ✡

No começo de outubro de 1886, após seis meses de vida em família, eu admirava e desejava a virtude, porém não te conhecia... De que modo criativo Tu, Deus da bondade, revelou-se para mim? De que desvios te utilizaste? De que meios externos suaves e poderosos? De que sequência de situações surpreendentes que se complementavam para me impelir para ti: solidão inesperada, estados de espírito, adoecimento de pessoas queridas, sentimentos amorosos ardentes, retorno a Paris em decorrência de um acontecimento surpreendente!

E quanta misericórdia interior! Esta necessidade de solidão, de prece, de leitura devota, esta necessidade de ir à tua igreja, eu que não acreditava em ti, esta busca por verdade, esta oração: "Meu Deus, se Tu existes, permita-me reconhecer-te". Tudo isto foi obra tua, meu Deus, tua obra somente... Um belo espírito te ajudou, porém apenas com o teu silêncio, tua humildade, tua bondade, tua virtuosidade. Ele era visível, bom e atraente, mas não agia.

Tu, meu Jesus, meu Redentor, Tu agiste em tudo, por dentro e por fora! Através da beleza de um Espírito em que a virtude me pareceu tão maravilhosa e despertou para sempre o meu coração, Tu me atraíste para a virtude... Através da beleza deste mesmo Espírito, atraíste-me para a verdade. E então Tu me demonstraste quatro graças. A primeira consistia em me dar o seguinte pensamento: como este Espírito é tão sensato, a religião em que ele crê fortemente não pode – como eu acreditava – ser insensata. A segunda consistia na inspiração de outro pensamento: se esta religião não é insensata, então possivelmente ela conheça a verdade que não pode ser encontrada em nenhuma outra religião ou filosofia do mundo? A terceira graça foi quando eu disse a mim mesmo: então quero estudar essa religião, ter um padre católico formado como professor de religião, e verificar o que há nela e se devemos acreditar no que ela ensina. A quarta foi a graça sem igual de buscar o Reverendo Huvelin no âmbito dessas aulas de religião. Quando Tu me fizeste sentar em seu confessionário – em um dos últimos dias de outubro, acredito que entre os dias 27 e 30 – Tu, meu Deus, me deste todas as dádivas: se há alegria no céu quando um pecador se converte, então nesse dia em que entrei no confessionário houve alegria!... Que dia abençoado, que dia cheio de bênção!... E, a partir desse dia, a minha vida se transformou em uma corrente de bênçãos! Tu me acolheste sob as asas desse santo, e assim permaneci. Tu me carregaste sobre as tuas mãos, e isso significava misericórdia sobre misericórdia. Pedi pela aula de religião; ele me fez ajoelhar e confessar e, imediatamente, encaminhou-me para a santa comunhão... Quando lembro disso, começo a chorar e não quero impedir essas lágrimas que correm com razão, meu Deus! Rios de lágrimas deveriam escorrer de meus olhos quando me lembro dessa grande misericórdia! Como foste bom! Como sou feliz! O que fiz para merecer isso! E desde então, meu Deus, tudo foi uma sucessão de misericórdias cada vez maiores... uma corrente cada vez maior: A direção espiritual, e que direção! A oração, a leitura das Escrituras, a santa missa diária desde o primeiro dia da minha nova vida; a comunhão e confissão frequentes se seguiram dentro de poucas semanas. A direção espiritual se tornou cada vez mais familiar, frequente, envolvia toda a minha existência e se transformou em vida de obediência até mesmo nas menores coisas, e obediência – perante que mestre! Passei a receber a comunhão quase que diariamente... o desejo por uma vida em uma Ordem se manifestou e se fortaleceu – [...] por fatores externos que eu não tive como influenciar, fui obrigado a me desfazer das coisas materiais que me pareciam ser encantadoras e talvez tivessem conseguido prender o meu espírito, atá-lo ao mundo! Esses laços, como tantos outros, Tu cortaste! Que bondade tua, meu Deus, de cortar todos os laços à minha volta, destruir completamente tudo o que poderia impedir-me de ser só teu! [...] Esta conscientização cada vez mais profunda da nulidade, da hipocrisia da vida mundana e do grande abismo entre a vida plena e evangélica da vida laica [...]. Este amor humilde e crescente por ti, meu Senhor Jesus, este prazer de rezar, esta fé em tua palavra, esta profunda compreensão da obrigação de dar esmolas, este desejo de te imitar, esta expressão de Abbé Huvelin em uma prece, "você teria ocupado tão completamente o último lugar, que ninguém jamais poderia tirá-lo de ti!", que marcou para sempre a minha alma, esta sede de fazer o maior sacrifício que puder por ti, deixando para sempre a minha família, que era toda a minha felicidade, e indo embora para viver e morrer longe dela! (1)

✽

Esta oração silenciosa é uma permanência familiar do espírito com Deus; não é nada mais que isso, não é uma observação no sentido original, nem uma oração oral, mas, de uma forma ou de outra, acompanha tanto um quanto o outro. – A *observação* é uma reflexão atenta sobre uma verdade ou um dever que o espírito procura aprofundar aos pés de Deus. A observação sempre está mais ou menos atrelada à oração silenciosa, porque por vezes é necessário pedir pela ajuda de Deus para que se reconheça o que se está buscando, mas também para alegrar-se pela sua presença e não se permaneça tanto tempo perto dele sem demonstrar-lhe carinho... Deus fala: "Suas orações orais – o rosário, o breviário, a *via crucis* – me alegram, me honram. Aprovo a sua execução. Elas são um pequeno buquê de flores que você me traz, um presente muito bonito e divino, apesar de você ser muito pequeno...

Você é uma criança muito pequena, mas em minha bondade eu lhe permito colher as rosas mais belas em meu maravilhoso jardim para me presentear, de modo que você, por menor que seja, em meia hora ou quarenta minutos ou ainda mais tempo possa montar um maravilhoso buquê. Você me entende? ... E este buquê de suas mãos me agrada, sim, meu querido, meu muito querido, porque apesar de ser tão pequeno e cheio de defeitos, você é o meu filho, e por isso eu te amo. Eu criei o céu para você; meu filho unigênito lhe libertou com o seu sangue, fez-lhe ainda mais meu Filho, aceitou-lhe como irmão. Eu lhe amo, e por fim – você ouviu a sua voz e pode dizer o mesmo para si que eu também lhe disse: 'Se eu já lhe amava tanto, quando ainda não me conhecias, quanto mais devo amar-lhe agora que – apesar de muito pobre e pecador – você procura me alegrar'. Veja, apesar de eu ser grande, e você, muito pequeno; muito belo, e você, muito feio; muito rico, e você, muito pobre; muito sábio, e você, muito ignorante; eu aprecio o seu buquê de flores diário, suas rosas matinais e vespertinas. Faço questão delas, porque as rosas que eu deixo você colher em meu jardim são bonitas, e eu faço questão porque lhe amo, por menor e pior que você seja, meu pequeno filho".

Obrigado, obrigado, meu Deus! Como são doces e claras as suas palavras, e como posso reconhecer claramente o que antes eu sequer reconhecia! [...] Obrigado, obrigado, meu Deus! Como é bom! (2)

✶

São necessárias duas coisas para que a nossa vida seja uma vida de oração: primeiramente, a cada dia precisamos reservar um bom tempo exclusivo para a oração e, em segundo lugar, nas horas em que estamos dedicados a outras ocupações, precisamos permanecer unidos a Deus, conscientes de sua presença, e erguer os nossos corações e olhos para Ele com frequência. (3)

✶

Quando estamos ocupados com um trabalho na presença de um ser querido, por algum instante nos esquecemos de sua gratificante presença que faz o tempo passar tão rapidamente e os momentos parecerem tão prazerosos? Não tornamos a erguer os nossos olhos para ele? Façamos o mesmo com o nosso Senhor, o esposo divino de nossos espíritos. A oração ininterrupta, incessante durante todo o dia manterá as tentações longe de nós, e a presença de Deus as espantará e as tornará inofensivas; as horas dedicadas exclusivamente à oração, com a misericórdia de Deus nos darão a força para permanecer todo o restante do dia em seu olhar e naquilo que chamamos de "oração incessante". (4)

✶

Nós obtemos tudo através da oração; caso não alcancemos nada, então nos faltou fé, ou rezamos pouco, ou ainda seria ruim para nós se o nosso pedido fosse atendido, ou Deus quer nos dar algo melhor do que pedimos... Mas jamais deixamos de receber aquilo pelo que pedimos por ser de difícil alcance: não há nada que não possamos alcançar... Portanto, não hesitemos para pedir as coisas mais difíceis a Deus, como a conversão de grandes pecadores, povos inteiros; e peçamos com perseverança ainda maior quanto mais difícil for, com a fé de que Deus nos ama apaixonadamente. Mas peçamos com fé, persistência, resistência, amor e boa vontade... E tenhamos a consciência de que, se rezarmos assim de forma persistente, seremos ouvidos e obteremos a misericórdia pedida, ou outra melhor. Portanto, peçamos com audácia as coisas mais impossíveis ao nosso Senhor, se forem honrá-lo, e estejamos conscientes de que o seu coração terá alegria ainda maior de nos conceder as dádivas mais impossíveis do ponto de vista humano; porque alegra o seu coração presentear aqueles a quem ama com o impossível, e quanto Ele nos ama! (5)

✶

*Sábado, 9h da noite.* – Meu Deus, anoiteceu. O vento sopra forte feito um furacão, por vezes acompanhado pela chuva. Todos os ruídos morreram... e se ouve apenas o vento uivar e a chuva cair... Tu oras, imóvel e em silêncio; uma pequena lanterna ilumina-lhe a face, tão bela, tão pálida, tão serena, tão pensativa... Bem próximos a ti estão ajoelhadas a Virgem Santíssima, Santa Madalena, e oram... Os teus apóstolos também vieram, calados, reunidos, na oração: todos o observam, os olhos não se cansam de te olhar. Farei companhia a eles, aos seus pés, meu Deus! (6)

✶

E não está longe de mim, este *ser* perfeito, esta absoluta *entidade*, o único verdadeiro *ser* que é toda a beleza, toda a bondade, amor, sabedoria, ciência, razão. As criaturas em que eu admiro um pouco do reflexo de tua perfeição, iluminadas por um suave raio deste sol infinito, estão fora de mim, longe de mim, separadas de mim, mas Tu, meu Deus, Tu, a perfeição, a beleza, a verdade, o amor infinito e essencial, Tu estás em mim, em torno de mim... Tu me preenches totalmente [...]. Não há nenhuma minúscula parte de meu corpo que Tu não preenchas, e em torno de mim Tu me tocas mais intensamente que o ar em que me movo... como sou feliz! Que bênção estar tão unido à perfeição, viver nela! Possuí-la viva dentro de mim!... Meu Deus, que está em mim e em quem eu estou, permita-me compreender a minha felicidade plena e permita-me compreender os meus deveres!...

Meu Deus, digne-se de me presentear com esta *sensação contínua da tua presença*, tua presença em mim e à minha volta... e, ao mesmo tempo, *aquele amor receoso que sentimos na presença de quem amamos passionalmente* e que faz com que, na presença da pessoa amada, não se consegue desviar o olhar dela, preenchido pelo forte desejo e vontade de fazer tudo o que lhe agradar, tudo o que for bom para ela, e preenchido com a grande preocupação de fazer, falar ou pensar algo que lhe desagrade ou magoe [...]. Em ti, por ti e para ti. Amém. (7)

✡

Meu Pai, entrego-me a ti, faça comigo o que quiseres. O que quer que faça comigo, eu te agradeço. Estou disposto a tudo, aceito tudo para que a tua vontade se faça em mim e em todas as criaturas. Não tenho nenhum outro desejo, meu Deus. Coloco a minha alma em tuas mãos. Entrego-te minha alma, meu Deus, com todo o amor do meu coração, porque eu te amo e, por amor, desejo entregar-me a ti, colocar-me em tuas mãos, sem limites, com infinita confiança, pois és meu Pai. (8)

# Dietrich Bonhoeffer
# (1906-1945)

Dietrich Bonhoeffer foi o sexto de oito filhos de uma família burguesa de médicos de Breslau. O seu pai, Karl Bonhoeffer, foi neurologista e psicólogo. Em 1912, a família mudou-se para Berlim. Após a conclusão do ensino médio, em 1923, Bonhoeffer iniciou os estudos de Teologia Evangélica e Filosofia em Tübingen, e formou-se em Berlim, em 1927, apresentando a tese teológica Comunhão dos Santos (*Sanctorum communio*). Durante um ano foi pastor na comunidade protestante alemã em Barcelona, voltou para Berlim, habilitou-se e formou-se pela segunda vez em Teologia.

Para o ano seguinte, obteve uma bolsa de estudos na Theological Union Seminary, em Nova York. Nesse período, Bonhoeffer optou pelo pacifismo cristão. De volta a Berlim, lecionou Teologia Sistemática na Universidade Friedrich-Wilhelm (atual Universidade Humboldt). Bonhoeffer costumava iniciar as suas aulas com uma oração, e também se manifestava sobre questões da atualidade. Em 1931, foi ordenado sacerdote e, após candidaturas malsucedidas em dois ministérios, conseguiu uma vaga como secretário júnior de uma aliança mundial para a amizade internacional através das igrejas. Aos finais de semana, viajava com os seus estudantes para meditações e debates em uma cabana adquirida para esse propósito próxima a Berlim. Deste meio também saíram futuros combatentes da resistência.

Quando Bonhoeffer, logo após a tomada de poder, criticou o culto a Hitler em um programa de rádio, o programa foi interrompido. Foi o primeiro teólogo evangélico a abordar, também, a relação entre a ideologia de raças e a fé cristã. Após introdução dos parágrafos arianos na igreja evangélica, Bonhoeffer convocou os seus irmãos cristãos para sair da igreja, no entanto teve pouca aprovação. Fundou o pacto emergencial para proteção de sacerdotes de origem judaica com Martin Niemöller. De 1933 a 1935, Bonhoeffer foi pastor na comunidade alemã em Londres. Em 1934, foi fundada a Igreja Confessante.

De 1935 a 1937, Bonhoeffer foi diretor do seminário de pregadores da Igreja Confessante em Zingst e Finkenwalde, fechada pelo governo em 1937. Em 1936, Bonhoeffer já perdera a sua licença de ensino, mas deu prosseguimento ao curso secretamente, até a Gestapo, em 1940, proibi-lo de trabalhar definitivamente. Em uma visita à América, negou a proposta de professorado e retornou à Alemanha, onde acreditava ser a sua missão. Desde 1939, Bonhoeffer participou do movimento de resistência chefiado pelo seu cunhado Hans von Dohnany e por Admiral Wilhelm Canaris, e, a seu pedido, realizou diversas viagens internacionais. Não participou diretamente do planejamento do atentado a Hitler, mas oficialmente serviu como agente de ligação. Em 1940, foi proibido de falar, e, em 1941, de escrever.

Em janeiro de 1943, Bonhoeffer ficou noivo de Maria von Wedemeyer. Em abril de 1943, foi preso juntamente com o seu cunhado por tentativa de subversão das forças armadas. Após o atentado falido contra Hilter, em 1944, a Gestapo encontrou anotações que também envolviam Bonhoeffer. Após dois anos de prisão, um pouco antes do final da guerra, Bonhoeffer foi condenado à morte juntamente com outros resistentes e executado no campo de concentração de Flossenbürg.

As suas cartas e anotações durante o período de encarceramento dão uma visão de seu trabalho e pensamento teológicos, e da sua vida na prisão. Apesar das contestações e do desejo de liberdade, elas comprovam de modo impressionante a fé confiante e a prática pastoral de Bonhoeffer. Depois da guerra, esses escritos foram publicados por um amigo próximo de Bonhoeffer, Eberhard Bethge, no livro *Resistência e submissão*, que, desde então, já teve inúmeras edições. Bonhoeffer ficou mundialmente conhecido por esse livro. Principalmente o texto "maravilhosamente protegido por bons poderes", redigido em 1944/1945; é um poema e hino cristão bastante difundido. Bonhoeffer é um dos maiores exemplos do protestantismo moderno, e diversas igrejas também levam o seu nome.

✿ ✿ ✿

### Alguns credos sobre a ação de Deus na história

Eu acredito que Deus quer e consegue transformar tudo, até mesmo o pior, em coisas boas. Para isso, Ele precisa de pessoas que contribuam para o bem. Eu acredito que, em situações emergenciais, Deus queira nos dar toda a força de resistência de que precisamos. Mas Ele não nos dá antecipadamente, para não contarmos apenas conosco, mas apenas com Ele. Nessa fé, todo o medo do futuro deveria estar extinto. Eu também acredito que os nossos erros e equívocos também não sejam em vão, e que, para Deus, não seja mais difícil lidar com eles do que com as nossas aparentes boas ações. Eu acredito que Deus não seja um fato atemporal, mas que ele espere e responda a orações sinceras e atitudes responsáveis.

# Orações para presos – Natal de 1943

### Oração da manhã

Deus, clamo a ti na manhã do dia,
ajuda-me a orar e concentrar meus pensamentos;
não consigo fazer isso sozinho.
Dentro de mim está escuro,
mas em ti há luz;
eu estou só, mas Tu não me abandonas;
eu estou desanimado, mas em ti há auxílio;
eu estou inquieto, mas em ti há paz;
em mim há amargura, mas em ti há paciência;
não entendo os teus caminhos, mas
Tu conheces o caminho certo para mim.
Pai no céu,
louvor e gratidão
a ti pelo descanso da noite;
louvor e gratidão a ti pelo novo dia;
louvor e gratidão a ti por toda a tua bondade
e fidelidade no tempo que passou.
Tu me mostraste muitas coisas boas.
Faz com que eu receba da tua mão agora
também as coisas difíceis.
Não me imporás mais
do que eu possa suportar.
Faz com que todas as coisas venham
para o bem de teus filhos e tuas filhas.
Senhor Jesus Cristo,
Tu foste pobre
e miserável, preso e abandonado como eu.
Conhece todo o sofrimento das pessoas,
Tu ficas comigo
quando ninguém me apoia,

Tu não me esqueces e me procuras,
Tu queres que eu te reconheça
e me volte para ti.

✡

Senhor, escuto o teu chamado e obedeço.
Ajudai-me!
Espírito Santo,
dá-me a fé que me
salva do desespero e do vício;
dá-me o amor a Deus e às pessoas
que aniquila todo o ódio e toda a amargura;
dai-me a esperança que me liberta
do temor e do desânimo.
Santo Deus misericordioso,
meu Criador e meu Salvador,
meu Juiz e meu Redentor,
Tu conheces a mim e todas as minhas atitudes.
Abominas e castigas o mal
neste e naquele mundo sem distinção de pessoa,
Tu perdoas os pecados
de quem te pede com sinceridade;
Tu amas o bem e o recompensas nesta
terra com uma consciência tranquila
e no mundo por vir
com a coroa da justiça.
Diante de ti, penso em todas as pessoas que me são caras,
nas que estão presas comigo e em todas
as que executam o seu duro trabalho nesta casa.
Senhor, tende piedade,
devolva-me a liberdade
e fazei com que, no momento, eu viva
de maneira responsável diante de ti e das pessoas.
Senhor, o que quer que aconteça neste dia,
o teu nome seja louvado!
Amém.

✡

## Carta para Renate e Eberhard Bethge – Natal de 1943

Gostaria de dizer-lhes algumas coisas para o tempo de separação que vocês têm pela frente. Nem preciso dizer como uma separação dessas é difícil. Mas como já estou separado há 9 meses de todas as pessoas que me são caras, tive algumas experiências sobre as quais gostaria de lhes escrever. Até agora, Eberhard e eu compartilhamos todas as experiências que nos eram importantes e, dessa maneira, nos auxiliamos mutuamente em muitas coisas; e agora tu, Renate, vais participar disso de algum modo. Ao fazer isso, deves tentar esquecer um pouco o "tio" e pensar mais no amigo do teu esposo. Primeiro: não há nada que possa substituir a ausência de uma pessoa querida, e nem devemos tentar fazer isso; simplesmente temos de suportá-la e superá-la; à primeira vista, isso parece muito duro, mas, ao mesmo tempo, é um grande consolo; pois, ao deixar a lacuna realmente aberta, permanecemos unidos um ao outro através dela. É errado dizer que Deus preenche a lacuna; Ele não apenas não a preenche, como justamente a mantém aberta e, dessa maneira, ajuda-nos a preservar a nossa verdadeira união – ainda que de forma dolorosa. E mais: quanto mais belas e plenas as recordações, mais difícil é a separação. Mas a gratidão transforma o tormento da recordação em alegria silenciosa. Levamos em nós as coisas belas que passaram não como um aguilhão, mas como um presente precioso. Devemos cuidar para não ficar remexendo nas lembranças, entregando-nos a elas, assim como não se admira um presente precioso o tempo todo, mas apenas em momentos especiais, e no restante do tempo se possui esse presente como um tesouro oculto e garantido; assim, do que passou emanam alegria e força constantes. Mais: tempos de separação não são tempos perdidos e estéreis para a convivência; em todo caso não o são necessariamente, pois neles pode se formar – apesar de todos os problemas – uma união particularmente forte. Além disso, experimentei aqui especialmente que dos *fatos* sempre se pode dar conta, e que somente a preocupação e o medo o fazem parecer excessivamente grandes por antecipação. Desde o primeiro despertar até o amanhecer, devemos encomendar a outra pessoa totalmente a Deus e entregá-la em suas mãos, e devemos transformar as nossas preocupações por ela em orações a seu favor. "Com preocupação e aflição... não se consegue *absolutamente nada* junto a Deus."

✻

**Oração em dificuldade especial**
Senhor Deus,
uma grande desgraça me assolou.
Minhas preocupações estão me esmagando.
Não sei mais o que fazer.
Deus, que sejas misericordioso e ajudes.
Dá-me a força para suportar o que envias.
Não permitas que o medo me domine,
cuida como um pai das pessoas que me são caras,
da mulher e das crianças.
Deus misericordioso, perdoa-me todo pecado
cometido contra ti
e contra as pessoas.
Confio na tua graça e entrego minha
vida totalmente em tuas mãos.
Faça comigo como for de teu agrado
e o que for bom para mim.
Na vida ou na morte, estou contigo
e Tu estás comigo, meu Deus.
Senhor, eu espero pela tua salvação
e pelo teu reino.
Amém.

✻

## Carta para Eberhard Bethge – Tegel, 29 e 30/01/1944

Quando penso agora em ti pela manhã e à noite, tenho de me precaver seriamente para que meus pensamentos não se fixem nas muitas preocupações e aflições que te dizem respeito, mas para que, de fato, seja uma oração. Nesse contexto, tenho que falar contigo um dia sobre a oração em períodos de aflição. É uma coisa complicada, mas, apesar disso, a desconfiança com que a acompanhamos em nós mesmos talvez também não seja boa. No Sl 50 consta, com toda a clareza: "Invoca-me no dia da angústia, eu te livrarei e Tu me glorificarás!" Toda a história dos filhos de Israel consiste nesses gritos de socorro. E tenho que admitir que justamente as duas últimas noites, mais uma vez, me colocaram de modo bem elementar diante dessa questão. Quando as bombas estão explodindo em volta do prédio, não consigo fazer outra coisa senão pensar em Deus, no seu juízo, no "braço estendido" de sua ira (Is 5,25; 9,11–10,4), na minha falta de disposição; sinto que algo assim como votos estão sendo feitos, e então penso em todos vocês e digo: antes eu do que algum deles – e então sinto como sou afeiçoado por vocês. Não vou dizer mais nada sobre isto, só é possível fazê-lo oralmente – mas de fato ocorre que a aflição tem de vir para nos acordar e impelir para a oração, e toda vez sinto isso como vergonhoso, e de fato é. Talvez seja porque, até agora, em momentos como esse, me tenha sido impossível dizer aos outros uma palavra cristã. Ontem à noite, quando mais uma vez estávamos deitados no chão e um deles – em outros momentos, um sujeito muito leviano – exclamou em alto e bom-tom: "Ó Deus, ó Deus!", não consegui me convencer de animá-lo e consolá-lo de alguma maneira cristã, mas lembro de ter olhado o relógio e dito apenas: vai durar, no máximo, 10 minutos. Não foi pensado, mas espontâneo, e decerto reagi assim por causa da sensação de que não se deveria usar esse momento para chantagens religiosas (a propósito, Jesus, na cruz, também não tentou convencer os dois ladrões, e sim foi um deles que lhe dirigiu a palavra!).

✡

**Quem sou eu?**

Quem sou eu? Seguidamente me dizem
que deixo a minha cela
sereno, alegre e firme
como um cavalheiro a seu castelo.
Quem sou eu? Seguidamente me dizem
que eu falo com os meus guardas
de modo livre e amistoso e claro,
como se fosse eu a mandar.

Quem sou eu? Dizem-me, também, que suporto os dias de infortúnio
impassível, sorridente e altivo, como quem está acostumado a vencer.

Sou mesmo o que dizem a meu respeito?
Ou sou apenas aquilo o que sei a respeito de mim mesmo?

Inquieto e saudoso e doente, como um pássaro na gaiola, respirando
com dificuldade, como se me apertassem a garganta, faminto
de cores, de flores, do canto dos pássaros, sedento
de palavras de bondade, de proximidade humana, tremendo

de ira por causa da arbitrariedade e ofensa mesquinha,
irrequieto
à espera de grandes coisas, em angústia impotente
pela sorte de amigos distantes, cansado e vazio para orar, para
pensar, para criar, desanimado e pronto para me despedir
de tudo?

Quem sou eu? Este ou aquele?
Sou hoje este, e amanhã o outro?
Sou ambos ao mesmo tempo? Diante das pessoas, um
hipócrita,
e diante de mim mesmo, um covarde queixoso e desprezível?
Ou aquilo que ainda há em mim será como um exército
derrotado,
que foge desordenado à vista da vitória já obtida?

Quem sou eu? A dúvida solitária zomba de mim.
Quem quer que eu seja, ó Deus, Tu me conheces, sou teu, ó
Deus!

# Dom Helder Camara
# (1909-1999)

Dom Helder Passos Camara nasceu no Nordeste do Brasil. Foi o décimo primeiro de treze irmãos, dos quais cinco morreram ainda na infância. Aos 22 anos, Camara foi ordenado sacerdote com uma autorização especial (ele ainda não tinha a idade mínima de 24 anos exigida pela Igreja). Após a ordenação, atuou durante cinco anos em sua cidade natal, Fortaleza, onde fundou um movimento laico católico (Ação Católica) e um sindicato católico de trabalhadoras. De 1933 a 1936 foi, como tantos outros, membro da "Ação Integralista", um grupo fascista do qual, mais tarde, se afastou. Em 1936, foi nomeado secretário de Educação do Rio de Janeiro. Foi responsável pelos currículos das escolas públicas, assim como pela educação eclesiástica e pelas aulas de catecismo. Em 1950, a Igreja o nomeou bispo auxiliar do Rio de Janeiro; entre 1952 e 1964, ele foi, simultaneamente, secretário-geral da Conferência Nacional dos Bispos do Brasil.

O confronto com as condições de vida desumanas das pessoas nas favelas do Rio levaram a uma guinada na vida de Camara. A partir de 1955, aproximadamente, ele passou a ter um cuidado cada vez maior pelos pobres e a incentivar reformas sociais (moradias sociais para desaceleração do crescimento das favelas, fundação do Banco da Providência para apoio financeiro de pessoas socialmente necessitadas, promoção do Movimento dos Trabalhadores

Cristãos e mobilização de uma Campanha da Fraternidade). Em 1963, após negociações com o governo, Camara conseguiu organizar um movimento de educação popular pela alfabetização em doze estados brasileiros.

A iniciativa de Camara levou à criação da Conferência Nacional dos Bispos do Brasil, em 1952, assim como do Conselho Episcopal Latino-Americano (Celam), em 1955. A reunião do Celam em Medellín, Colômbia, em 1968, marcou o início da Teologia da Libertação, de cujo desenvolvimento Camara também participou intensamente.

Durante o Concílio Vaticano II (1962-1965), procurou chamar a atenção da opinião pública mundial para a pobreza dos países em desenvolvimento através da iniciativa "Igreja dos Pobres". Exigiu o fim da corrida pelo armamento, uma adaptação estruturada do sistema econômico mundial, o fim da violência e o respeito aos direitos humanos. Em uma carta aberta, apelou para os bispos se desfazerem da riqueza exterior para diminuir a distância entre eles e os trabalhadores ("Pacto das Catacumbas" de 40 bispos). Juntamente com o arcebispo de El Salvador, Romero, assassinado em 1980, tornou-se sinônimo das mudanças da Igreja latino-americana após o Concílio Vaticano II que, juntamente com as Comunidades Eclesiais de Base e a "Opção preferencial pelos pobres", transformou a Igreja universal.

No início da ditadura militar, em 1964, Camara tornou-se bispo de Olinda e Recife, em uma das regiões mais pobres do Brasil. Do lado dos pobres e oprimidos, empenhado por um terceiro caminho entre o capitalismo e o marxismo, posicionou-se publicamente contra o regime e, em 1970, o denunciou diante da opinião pública mundial. Posteriormente, foi difamado como "arcebispo vermelho" não apenas pelo governo, como também por muitos ricos, e foi censurado. Sofreu atentados e sua secretária foi assassinada. Até o final da ditadura militar no Brasil, em 1983, foi ostracizado pelo governo e pela mídia. Ao mesmo tempo a sua popularidade mundial crescia, apesar de sofrer agressões também dentro da Igreja. Foi indicado duas vezes para o Prêmio Nobel da Paz, recebeu diversas honrarias e doutoramentos *honoris causa* em todo o mundo (entre outros, o Prêmio Alternativo da Paz de 1974). Em 1985, deixou o cargo de arcebispo.

Muitas de suas belas e bem-humoradas meditações foram escritas ao longo de suas vigílias noturnas. Outros textos se originam nas "Preces de cinco minutos" que ele proferia na Rádio Olinda para a população do Recife.

Um de seus lemas era: "Sonho que se sonha só, é só um sonho. Mas sonho que se sonha junto, torna-se realidade".

✻ ✻ ✻

Deus está em toda parte. Dia e noite, estamos mergulhados no Senhor. Andamos, falamos, vivemos, sempre nele. E Deus está dentro de nós. Como é bonito olhar a natureza com toda a sua plenitude e, então, dialogar com o Criador que está dentro de nós – não com palavras, mas simplesmente no pensamento!
É uma força incomparável saber que o Espírito Santo está ao nosso lado. Que fortuna é descobrir os sete dons que Ele nos concede e dos quais, nem de longe, usufruímos plenamente! Que fortuna é conscientizar-se dos dons especiais que Ele dá a cada um de nós em abundância! [...]
E que privilégio é termos fé nisso. De que somos um em Cristo! Tenho o prazer de proferir a oração do Cardeal Newman para Cristo: "Senhor Jesus, não te escondas assim

em mim! Olhe com os meus olhos! Ouça com os meus ouvidos! Fale com a minha boca! Ande com os meus pés! Senhor, permita que a minha pobre aparência humana ao menos de longe faça lembrar-me da tua presença divina!" (1)

✿

Tu não precisas de nossas palavras.
Tu sabes que és o Pai de todos,
absolutamente todos,
inclusive daqueles que não creem em ti.
Esses ateus maravilhosos.
Não creem em ti ou pensam
que não creem em ti,
porém amam a criatura humana.
Quem ama os homens, está disposto
a se sacrificar por eles,
ama a sua maior obra.
Tu és um artista, Pai.
Eu vejo como os artistas
amam a sua obra mais que a si próprios.
O que significa amar-te em Jesus
quando não se ama a criatura.
A tua maior obra de arte!
Tu permites ser amado, Pai,
mas Tu não precisas das palavras.
Tu lês os nossos pensamentos.
Não quero dizer
que devamos entregar a ti
as nossas responsabilidades.
Não, é nossa a tarefa
de complementar o que Tu começaste.

Mas como seria bom
se para tal caísse sobre nós a esperança,
como a chuva sobre a terra sedenta,
como a neve nos países
em que neva. (2)

✡

**O grande silêncio**
No silêncio das árvores
ainda há
o agitar dos ramos
movidos pelo vento.

No silêncio das águas
ainda há
o marulho das vagas
ou o cantar da correnteza
atravessando as pedras.

No silêncio dos céus
ainda há
o palpitar das estrelas
carregado de mensagens.

Aprende que não basta falar
para atingires o silêncio.
Enquanto os cuidados te agitam
ainda não penetraste
na área do grande silêncio.
E aí, somente aí,
é que se escuta a voz poderosa de Deus.

Por enquanto, você ainda está distante do grande silêncio. Lá, e apenas lá, Deus lhe permite que ouça a sua voz! É realmente tão difícil encontrar o pátio do grande silêncio?

Não se trata apenas de calar a boca. Quantas vezes estamos inquietos por dentro, apesar de não falarmos nem uma palavra.

Mas se o preço para ingressar no espaço do grande silêncio consiste em não ser mais afetado pelas preocupações, demandas e problemas, então não há o risco de apenas atingirem o grande silêncio aqueles que não cuidam mais das preocupações de seus irmãos e irmãs, que olham como se não vissem nada, que escutam como se não ouvissem nada? Queremos nos esforçar para ver claramente com a graça de Deus.

Ocupar-se com algo é uma coisa; preocupar-se com algo é outra coisa. Preocupar-se com algo é ocupar-se antecipadamente com algo, aborrecer-se por causa de algo e perder a tranquilidade.

Devemos a Inácio de Loyola a seguinte regra sábia: tentar de tudo, como se tudo dependesse de si , e então confiar-se às mãos de Deus de olhos fechados, como se Ele, e somente Ele, tivesse a solução.

Seria errado não fazer tentativa alguma, evitar qualquer esforço e não fazer tudo o que é possível. Mas seria igualmente errado, depois de tentar de tudo, não entregar-se nas mãos de Deus.

O salmista nos convida: "Entregue as suas preocupações para o Senhor". Mas, naturalmente, só deve jogar as suas preocupações no abismo da misericórdia quem já fez o possível e impossível.

É uma vontade de tentar de tudo, e então fechar os olhos e simplesmente pular na escuridão.

Quando as palavras se silenciam, as preocupações se amenizam e nós nos entregamos incondicionalmente nos braços do Senhor, somos envoltos pelo grande silêncio em paz. Confiança e alegria. E a voz de Deus chega aos nossos ouvidos! (3)

✶

**Podemos mudar a nossa vida**

A pedra sofre,
pois todos falam de sua dureza...
Mas tu procuravas por uma pedra
como travesseiro para a tua cabeça,
pois tu sabias e sabes
que é a esperança das pedras
servir.
Servindo, tornam-se macias
como as nuvens...

Quem já viu uma esponja cheia de giz? Quem já segurou uma esponja seca, cheia de giz, nas mãos? Basta ela ser mergulhada na água para que toda a tenacidade desapareça, toda a rigidez se desfaça.

Quando encontro corações que se parecem com esponjas cheias de giz – como desejaria mergulhá-las nas águas da infinita bondade de Deus!

Um dia, uma amiga querida me disse: "Eu adoraria que o meu coração se parecesse com uma esponja cheia de giz. O meu caso é pior. O meu coração se transformou em pedra. De que serve um coração petrificado, uma pedra, não mais um coração?"

Há momento em que dispomos de palavras surpreendentes, sussurradas inesperada e subitamente pelo Espírito de Deus. Eu adotei o seu discurso: "Para que serve o seu coração petrificado? Excelente! Esplêndido! Jesus diz que não tem uma pedra para apoiar a sua cabeça. Ofereça-lhe a sua 'pedra'".

No dia seguinte, a minha amiga me disse: "Ontem à noite, o seu comentário sobre Jesus, que sequer tinha uma pedra para apoiar a sua cabeça, me motivou a dizer-lhe: 'Sou um pouco desajeitada. Mas se for verdade que você está procurando uma pedra para apoiar a tua cabeça – eu tenho uma aqui: a minha pedra. Servir-te – nem que seja tão pobremente – é uma verdadeira alegria'".

E prosseguiu: "Dormi profundamente – o que é raro acontecer comigo. – No dia seguinte, o meu coração não parecia mais ser de pedra.

Livrei-me da amargura. Pude ver o mundo inteiro – até mesmo duas criaturas que me odeiam, que me machucam e que eu odeio ainda mais –, pude ver o mundo inteiro quase que com júbilo e paz interior".

Onde ficou o pessimismo? As perguntas frias e mortais – onde estão? "Para quê?" "Para quê?"

Não percamos as esperanças! Podemos mudar as nossas vidas, transformar os nossos corações! (4)

✼✼

**Revolve-nos**
Venha, Senhor!
Não sorrias,
dizendo
que já estás conosco!
Há milhões que não te conhecem.
E de que basta conhecer-te,
de que adianta tua vinda,
se para os teus
a vida continua igual?
Fale conosco! Converte-nos! Revolve-nos!
Torna-te carne de nossa carne!
Sangue de nosso sangue!
Arranca-nos do comodismo
da boa consciência!
Pois só assim encontraremos a paz profunda,
a paz diferente,
a tua paz. (5)

✼

Tudo, absolutamente tudo
fala-me, graças a ti,
de ti.

Quando escrevo
desejo ser uma folha em branco
em tuas mãos,
para que possas escrever o que
convier a ti.

Quando folheio um livro
espero sinceramente
que todas essas palavras não permaneçam
sem efeito
e que quem escreve
tenha uma mensagem boa para compartilhar.

Cada um de meus passos desperta em mim
a lembrança
de que eu – para onde quer que caminhe, esteja indo em direção
à eternidade.

O tumulto das pessoas,
as folhas secas que voam
pelo chão,
os carros que passam,
as vitrines sobrecarregadas,
o guarda de trânsito,
a carreta do leiteiro,
o pobre mendigo,
escada e elevador,
trilhos de trem e cavas das ondas,
cães de raça e vira-latas,
a mulher grávida,
o jornaleiro,
o limpador de rua,
escola e igreja,
escritório e fábrica,
as ruas que são alargadas,
os montes que são aplainados,
o caminho de ida e o caminho de volta,
a chave com que abro a porta,

o sono e a vigília:
tudo, simplesmente tudo,
direciona os meus pensamentos para ti.

Como retribuir ao Senhor
por tudo que Ele me dá? (6)

✡

Rezo, cada vez mais,
pela conversão
do irmão
do filho pródigo.

Tenho no ouvido
o aviso impressionante:
"O primeiro
despertou
de sua vida de pecado.
O segundo quando despertará
de sua virtude?" (7)

✡

Não faças de Deus
teu travesseiro,
nem da oração
teu cobertor. (8)

✡

Aceita
as surpresas
que transformam teus planos,
derrubam teus sonhos,

dão rumo
totalmente contrário
ao teu dia
e, quem sabe,
à tua vida.

Não há acaso.
Dá liberdade ao Pai,
para que Ele próprio
conduza a trama dos teus dias. (9)

✡

É verdade, Senhor, que até hoje ainda te agrada
observar as águas,
os ventos,
a luz?
É verdade que Tu
valorizas
os pássaros,
as flores,
as crianças?
Tenho absoluta certeza
de que da mesma forma também
observas
o que incessantemente
é criado
a partir das mãos do homem,
com quem Tu
compartilhas tua força criadora. (10)

# Madre Teresa
# (1910-1997)

Agnes Gonxha Bojaxhiu (Boiagiu) nasceu em Scopje (à época, Üskup, Reino Osmânico, atual Macedônia) como terceira filha, e foi batizada católica. Aos nove anos de idade, o seu pai faleceu subitamente. O padre jesuíta de sua comunidade se tornou o pai substituto e conselheiro espiritual de Gonxha ("Broto de flor"), que tinha grandes talentos musicais e linguísticos. Ela entrou na Congregação Mariana, uma comunidade laica assistida por jesuítas para a devoção especial por Maria. O objetivo: a autocura através do autossacrifício. Gonxha também foi fortemente influenciada pelas escrituras de Therese de Lisieux (origem de seu nome religioso, mais tarde). Após a conclusão do ensino médio, em 1928, ela ingressou na Ordem das Irmãs de Loreto, fundada em 1822 como ramo das Senhoritas Inglesas, para se tornar missionária na Índia. Emigrou em 1929, foi noviça em Calcutá e Darjeeling, e tornou-se professora na escola religiosa da elite. Em 1937, tornou-se a reitora da escola. No dia 10 de setembro de 1946, em uma estrada de acesso para Darjeeling, Teresa teria tido uma visão decisiva. Ela decidiu abandonar a sua vida segura e privilegiada na ordem e dedicar a sua vida aos mais pobres entre os pobres. Somente em abril de 1948 foi liberada da ordem por um ano pelo arcebispo Ferdinando Perier, SJ. O trabalho iniciado nas ruas propagou-se rapidamente, ela recebeu o apoio de alunas que pensavam como ela. Em 1950, a Ordem das Missionárias da Caridade foi reconhecida pelo papa. À época, eram doze irmãs. Elas se comprometeram a jamais atuarem por dinheiro ou para pessoas prósperas, e cuidaram de bebês abandonados, leprosos e outros doentes, famintos e moribundos de comunidades pobres. O governo indiano cedeu um templo vazio para Madre Teresa, onde ela pôde estabelecer o seu primeiro hospital e asilo (*Nirmal Hriday* – Coração puro). Seguiram-se um orfanato com escola, um internato e uma enfermaria, casas de parto, uma clínica móvel de lepra e a criação de uma cidade de leprosos que recebeu apoio internacional.

A partir de 1960, Madre Teresa passou a viajar por todo o mundo para divulgar a sua Ordem e inaugurar filiais – comunidades de apoio ativas e contemplativas – também nos países ocidentais, onde a sua Ordem apoiava pessoas solitárias, viciados em drogas e aidéticos. Ela inaugurou clínicas de Aids, escolas, asilos noturnos, ambulatórios, instituições de ensino etc. Seguiram-se condecorações que culminaram com o recebimento do Prêmio Nobel da Paz em 1979. O seu discurso de agradecimento, aplaudido pela opinião pública mundial, continha uma visão cultural, ideológica e religiosa de uma boa sociedade. O "ícone do amor ao próximo" transformou-se em uma instância ética, e sua Ordem atraiu inúmeras doações e simpatizantes. Madre Teresa também recebeu diversas graduações *honoris causa* pelas suas mensagens de paz e, em 1996, a cidadania honorária dos Estados Unidos. Ela também aceitou algumas premiações de autores com origem política polêmica. A sua pessoa e a sua obra – como, por exemplo, a sua postura intransigente contra o divórcio ou o aborto – gerava discussões acirradas na mídia e na opinião pública. Muitas informações incorretas acerca de sua biografia foram disseminadas por admiradores e críticos.

A devoção ao Sagrado Coração de Jesus forma o centro espiritual da Ordem de Madre Teresa. O acesso a Cristo se dá através de seu sofrimento na cruz. Para pessoas marginalizadas, o pensamento de penitência de Madre Teresa por detrás da obra de amor cheia de sacrifício e da extrema pobreza da irmandade não era identificável. Era evidente o amor ao próximo da comunidade com Deus. As cartas e anotações em diários editadas em 2007 (Venha, seja a minha luz) revelam que a própria Madre Teresa, no entanto, não sentia essa comunhão com Deus e, durante muitos anos, sofreu com essa grande escuridão espiritual. A sensação subjetiva da distância de Deus era um tormento que ela só conseguia suportar por saber que, dessa forma, aproximava-se do crucificado.

As "transações" das irmãs são impressionantemente variadas e abrangentes. Apesar de alguns relatos reveladores sobre a utilização do dinheiro doado e a qualidade (criticada por especialistas como insuficiente ou questionável) dos serviços de sua Ordem, que ela própria descrevia como a organização mais desorganizada do mundo, Madre Teresa sempre recebeu grande confiança da opinião pública. Viajou incessantemente pela sua Ordem, cujo objetivo era a "penitência mundial", mesmo depois de adoecer diversas vezes a partir de 1989 e enfraquecer cada vez mais. Após a queda da Cortina de Ferro, dedicou a sua energia para o estabelecimento de filiais na Europa Oriental, em Cuba e no Camboja.

No dia 5 de setembro de 1997 ela morreu em Calcutá e recebeu um funeral de Estado do governo indiano, transmitido ao vivo pela televisão para todo o mundo. Quando faleceu, havia 3.842 irmãs na Ordem, atuando em 594 conventos de 120 países; além de 363 irmãos em 68 mosteiros de 19 países. Em 1999, o processo de beatificação foi antecipado, encerrando-se em 19 de outubro de 2003. Foi canonizada em 4 de setembro de 2016 pelo Papa Francisco.

✻ ✻ ✻

A oração inicia-se no silêncio. – Se realmente quisermos rezar, primeiramente precisamos aprender a escutar, pois Deus nos fala no silêncio do coração. Para poder ver esse silêncio, para conseguir escutar Deus, precisamos de um coração mais puro; porque com o coração mais puro podemos ver Deus, escutar Deus, prestar atenção em Deus; e somente então, a partir da plenitude do coração, podemos falar com Deus. Mas só podemos falar se, antes, tivermos escutado; se, no silêncio de nossos corações, tivermos nos conectado com Deus. (1)

✫

Deus é o amigo do silêncio. Devemos encontrar Deus, e Ele não pode ser encontrado no tumulto e na agitação. Vejam como a natureza, como as árvores, as flores e a grama crescem no silêncio. Vejam como as estrelas, a lua e o sol seguem os seus caminhos em silêncio. Quanto mais recebemos na oração silenciosa, mais podemos doar no dia a dia.

Através do silêncio, podemos ver tudo com novos olhos. Precisamos do silêncio para poder tocar as almas das pessoas. Não se trata do que dizemos, mas do que Deus diz para nós e através de nós.

Jesus está sempre aguardando o silêncio em nós. No silêncio, Ele nos escuta, aqui Ele fala para o nosso espírito, aqui ouvimos a sua voz. No silêncio, encontramos novas forças e verdadeira união. Recebemos a força de Deus para que estejamos preparados para todas as tarefas. Na união de nossos pensamentos com os seus pensamentos, na união de nossas orações com as suas orações, na união de nossas atitudes com as suas atitudes, da nossa vida com a sua vida. (2)

✫

Alegria é oração, sinal de nossa generosidade, nosso altruísmo e estreita e permanente união com Deus.

Alegria é oração; alegria é força; alegria é amor, uma rede de amor com que podemos alcançar as almas. Deus ama a quem dá com alegria. Dá mais quem dá com alegria. Receber tudo com alegria é a melhor forma de demonstrar gratidão às pessoas e a Deus. Um coração ardente de amor é, também, um coração alegre.

Não usemos bombas nem armas para conquistar o mundo. Usemos o amor e a compaixão. A paz começa com um sorriso – sorria cinco vezes por dia para as pessoas para quem você quer tudo, menos sorrir –, faça isso pela paz. Irradiemos a paz de Deus e tornemo-nos o reflexo de sua luz para extinguir no mundo e no coração de todas as pessoas qualquer espécie de ódio e tendência à violência.

O sofrimento por si só não faz sentido; mas o sofrimento como na Paixão de Cristo é uma dádiva maravilhosa. Sim, é uma dádiva e um sinal de seu amor; porque foi assim que o Pai provou que ama o mundo – ao dar o seu Filho para morrer por nós.

O sofrimento aceito e vivido em conjunto é alegria. Lembre-se que a Paixão de Cristo sempre leva à alegria pela ressurreição de Cristo; lembre-se que, ao sentir o sofrimento de Cristo no coração, a ressurreição é certa, trazendo consigo a alegria da Páscoa. Não se deixe afligir tão profundamente por nada a ponto de esquecer-se da alegria do Cristo ressuscitado.

Todos nós ansiamos pelo céu em que está Deus; mas depende de nós estarmos aqui e agora com Ele no céu, neste momento ser feliz com Ele. Ser feliz com Ele agora significa amar como Ele ama, ajudar como Ele ajuda, dar como Ele dá, servir como Ele serve, salvar como Ele salva.

Escrever uma carta para um cego, ou simplesmente aproximar-se, sentar e ouvir, ou buscar a correspondência para ele ou visitar alguém ou levar flores para alguém – nada é de menos. Pois assim amamos Cristo com atitudes.

Oração é alegria... Oração é amor... Oração é paz... Não é possível explicar a oração, é preciso vivenciá-la. Não é negado a ninguém. Deus a dá àqueles que o pedem. "Pedi, e recebereis." Um pai sabe o que dar aos filhos – ainda mais o Pai celestial! (3)

✡

Quando chegam os tempos em que não conseguimos rezar, é simples: quando Jesus está em meu coração, deixo-o rezar, deixo-o falar com o meu Pai no silêncio do meu coração. Como não posso falar, Ele fala; como não consigo rezar, Ele reza.

Por isso, devemos dizer sempre: "Jesus, estás em meu coração, acredito na ternura do teu amor por mim". Quando não temos nada para dar, então damos esse nada. Pedimos a Jesus que reze em nós, porque ninguém conhece o Pai melhor do que Ele. Ninguém sabe rezar melhor que Jesus, que nos envia o seu Espírito para rezar em nós, porque não sabemos como rezar da maneira correta. (4)

✡

É muito importante para nós que Cristo viva em nós para que nós, onde quer que estejamos, possamos sentir a sua presença. Deus nos ama tanto. Ele nos deu Jesus, o seu filho. Agora nos dá o seu amor, e vocês precisam deixá-lo livre em vocês. Não significa abrir mão de tudo, não se trata disso; o que importa são a misericórdia e a proximidade. Quanto mais permitirmos que Cristo viva a sua vida em nós, mais nos parecermos com Ele.

A oração nada mais é que a submissão total, a união total com Cristo. E isso nos torna pessoas contemplativas no mundo: porque então estamos vinte e quatro horas por dia em sua presença, com os famintos, com os despidos, os sem teto, os indesejados, os não amados, os desprovidos. Jesus disse: "Tudo que fizerdes aos mais pequeninos, é a mim que o fazeis".

*Pai nosso, estou aqui, à sua disposição, sua cria; ofereço-me para que possas continuar amando o mundo, dando Jesus a mim e, através de mim, aos outros e ao mundo.*

Rezemos um pelo outro, para que Cristo ame em nós e através de nós, com o amor com que o Pai o ama. (5)

✡

A oração que vem do nosso espírito e do nosso coração, sem ter sido previamente formulada, é chamada *oração interior*. Jamais podemos esquecer que, como religiosos, devemos buscar constantemente a perfeição. Sem o treinamento diário da oração interior não alcançaremos o nosso objetivo. O nosso espírito vive dessa oração, sem ela não podemos nos tornar santos. Santa Teresa de Ávila diz: "Quem abandona a oração interior não precisa ser mandado para o inferno: irá por conta própria". Somente através da oração interior e da leitura espiritual conseguimos manter a nossa comunicação com Deus. A oração interior é requerida pela pureza do coração, pelas penitências físicas e pela destruição dos nossos sentidos, e é alimentada pela dedicação da nossa vontade a Deus. "Na oração interior", diz o santo padre de Ars, "feche os seus olhos e a sua boca, e abra o seu coração". Na oração oral, falamos com Deus; na oração interior, Deus fala e vem até nós. (6)

# Irmão Roger
# (1915-2005)

Roger Louis Schutz-Marsauche, assim seu nome burguês, foi o mais novo de nove irmãos de uma família de pastores luteranos. De 1937 a 1940, Roger estudou Teologia Evangélica em Lausanne e Estrasburgo. Durante muito tempo, teve tuberculose pulmonar. Durante o seu período de adoecimento, amadureceu a ideia de fundar uma comunidade dedicada à reconciliação. Em 1940, chegou a Taizé (Borgonha), um vilarejo próximo à linha de demarcação à época. Ali, juntamente com sua irmã Geneviève e amigos, seguiu o exemplo da avó e escondeu fugitivos da Alemanha nazista, principalmente judeus e opositores. Em 1942, a Gestapo ocupou a casa e prendeu os moradores. Schutz, que acabara de levar um fugitivo para a Suíça, permaneceu em Genebra até a libertação de Taizé, em 1944. Depois da guerra, cuidou de órfãos e de prisioneiros de guerra alemães, contrariando a opinião pública.

Em 1949 foi fundada a Comunidade de Taizé, uma irmandade inicialmente protestante e, posteriormente, de orientação ecumênica. Seu objetivo era fomentar a "Parábola da Comunhão". No dia 17 de abril de 1949, os primeiros sete irmãos professaram os seus votos: pobreza, castidade e obediência. Em 1952/1953, Schutz estabeleceu as regras da Ordem de Taizé e foi o prior do movimento até a sua morte. O seu objetivo de vida era viver o Evangelho: "Amar e dizê-lo com amor". Defendeu a conciliação das confissões:

"Não procuremos quem está certo ou errado, mas nos reconciliemos". Hoje em dia, aproximadamente 100 irmãos de diversas confissões e nacionalidades fazem parte de sua comunidade.

Quando cada vez mais jovens passaram a chegar em Taizé, Schutz teve a ideia de organizar um "Concílio da Juventude" pela renovação de uma igreja de bem-aventuranças. Em 1974 foi realizado o primeiro concílio, com 40.000 participantes de ambos os sexos, tornando Taizé mundialmente conhecida. Centenas de milhares de jovens vão a cada ano para Taizé para cantar, rezar e refletir sobre a fé juntamente com os irmãos nos encontros semanais.

Frei Roger também dava grande importância para a solidariedade com os pobres. Os irmãos da comunidade viviam como testemunhos da paz em pequenas irmandades com pessoas desfavorecidas na Ásia, na África e na América do Sul. Eles compartilhavam as suas vidas com crianças de rua, prisioneiros, moribundos e pessoas abandonadas e solitárias. Madre Teresa também trabalhou com Frei Roger. Em 1976, ele viveu durante algum tempo em uma região de favelas de Calcutá. A sua compreensão do Evangelho por vezes levava a gestos surpreendentes. De Calcutá, voltou com um bebê doente que Madre Teresa lhe confiou para que cuidasse. Fundou um orfanato e passou a receber, permanentemente, viúvas vietnamitas com seus filhos, que ele conhecera em uma visita a um campo de refugiados na Tailândia.

Um pouco antes da abertura da Jornada Mundial da Juventude de 2005 e da comemoração dos 65 anos de sua chegada a Taizé, no dia 16 de agosto Frei Roger foi morto a facadas por um doente psiquiátrico durante a oração vespertina na igreja de Taizé.

Até o fim, Frei Roger conquistou pelo seu exemplo e seu carisma, sua irradiação e sua fé. Ele recebeu diversos prêmios, como o Prêmio da Paz do Comércio de Livro Alemão, em 1974, o Prêmio de Educação para a paz da Unesco, em 1988, e o Prêmio Internacional Carlos Magno, em 1989, na cidade de Aachen. Na Itália, ele é considerado o São Francisco do século XX.

✫ ✫ ✫

Deus amoroso,
queremos ouvi-lo
quando dentro de nós
escutarmos o seu chamado:
Siga adiante,
seu Espírito deve ressuscitar! (1)

✫

Deus de todos os homens,
o desejo apenas
de receber o seu amor
com o tempo acende uma chama
no fundo de nosso espírito.
Ela pode por vezes oscilar,
mas está sempre acesa. (2)

✫

Jesus Cristo,
dai-nos um coração decidido
que na oração simples
busca incansavelmente
pela descoberta
da união com Deus. (3)

✫

Permanecer em esperança contemplativa diante de Deus não está fora das possibilidades humanas.

Nesse tipo de oração, ergue-se o véu sobre o aspecto da fé que não pode ser expresso em palavras, e o impronunciável resulta na adoração.

Deus também está presente quando o entusiasmo diminui e não há reação perceptível.

Deus jamais deixa de ter misericórdia conosco. Não é Deus que se afasta de nós, nós é que por vezes estamos ausentes.

Um olhar atento vê sinais do Evangelho nos acontecimentos mais simples.

Até mesmo no mais abandonado dos homens reconhece a presença de Cristo.

No universo encontra a beleza radiante da criação. (4)

✻

**Paz no coração**

Não se preocupe por não saber como orar. Sofrer por uma preocupação desgastante nunca foi um caminho do Evangelho. "Ninguém consegue acrescentar sequer um dia à sua vida através de preocupações... Dou-lhes a minha paz... Que o seu coração não se aflija e não desanime!"

O medo e a preocupação são inerentes ao ser humano inserido em sociedades feridas e abaladas. Nessas sociedades vive, trabalha e sofre cada homem, cada crente, e pode sentir a tendência de se revoltar, por vezes odiar e tornar outros submissos.

Quando você ora, podem surgir nevoeiros entre você e Deus. Eles têm nome: revolta, insatisfação, perda da autoestima, sensação de ser indigno, de não encontrar perdão. Muitas sensações subjetivas podem desenvolver uma espécie de bloqueio.

Suspirar e perguntar-se como você pôde esquecer-se da sua presença? Não. É melhor entregar-se totalmente à fé. Em qualquer fase da vida, você pode lhe dizer de maneira infantilizada o que o prende e fere, o que sobrecarrega as pessoas que você ama. Deixe-o liberar o caminho. E você compreenderá que o Ressuscitado o acompanha em toda parte, na rua e no trabalho, onde quer que você esteja no mundo.

Através de seu Espírito Santo, Ele glorifica até mesmo o que há de mais confuso em você. Ele alcança o inatingível. O que você vê de negativo em você, se desfaz; você consegue espantar os pensamentos sombrios.

A glorificação do homem, uma mudança interior imperceptível, ocorre durante toda a vida. Ela transforma cada dia em um "hoje" de Deus. Ela é o começo da ressurreição já na terra, o começo de uma vida que não tem fim. A maravilha de um amor sem começo nem fim...

Você se surpreende com as palavras: Jesus, o ressuscitado, esteve em mim, e mesmo assim eu não sentia nada dele. Tantas vezes o procurei em outros lugares. Enquanto eu fugia das fontes que Ele deixou nas profundezas do meu ser, corri inutilmente por todo o mundo, migrei em vão para lugares distantes – e perdi-me em becos sem saída. A alegria em Deus permaneceu escondida.

Mas então veio o tempo em que eu descobri que Cristo jamais me abandonara. Eu ainda não tinha coragem de voltar-me para Ele, mas Ele já me entendia, já falava comigo. O batizado foi o marco de uma presença invisível. Quando o véu da desconfiança se ergueu, surgiu a confiança da fé e clareou até mesmo a minha noite.

*Jesus Cristo, no Evangelho você nos fala: Por que preocupar-se [...] – através das suas preocupações, nada alcançarão! E a cada dia você nos permite encontrar, nas fontes da fé, a paz do coração, tão necessária para seguir-te e nos fortalecer internamente.* (5)

✶

Feliz aquele que, da dúvida, migra para fé simples! Quando a minha mãe já estava com a idade bem avançada, um dia me falou sobre a sua própria mãe: "Você talvez não saiba que a sua avó, a quem tanto amamos e admiramos, tinha dificuldade de ter fé". E eu lhe respondi: "Eu sei e por isso a amo ainda mais".

A minha avó havia passado por muitas dificuldades. Os seus três irmãos morreram de tuberculose, assim como o seu pai. Mais tarde, um de seus filhos morreu. Ela escreveu comentários em sua Bíblia. Ali, descobri que ela orara para Deus: "Não sou guerreira... tenho dúvidas... ajudai-me!" E as palavras: "Senhor, somos incapazes de travar esta luta, mas eis um motivo de não abandoná-lo, de permanecer ao seu lado".

Posso dizer que a minha fé foi fortemente abalada em determinado período da minha juventude. Eu não duvidava da existência de Deus. Duvidava da possibilidade de viver em comunhão com Ele. Queria ser totalmente honesta, e por vezes sequer tinha coragem mais de orar. Eu pensava que quem quisesse orar deveria ter reconhecido Deus.

Durante a minha adolescência, certo dia abri um livro antigo e encontrei algumas frases em francês antigo. O autor escrevera que não era possível se comunicar com Deus, mas que Cristo nos permitiu que o reconhecêssemos. "Cristo é o reflexo de Deus." Eu não esqueci disso. É Cristo que nos permite compreender que Deus nos ama.

No verão de 1937, uma de minhas sete irmãs, Lily, adoeceu gravemente. Quando criança, ela anotara os meus poemas, e eu a amava muito. Era mãe de cinco filhos. Compreendi que ela morreria. E então me lembrei de uma oração, palavras de um salmo: "O meu coração pensa em tua palavra: procure a minha face. A tua face, Deus, eu quero buscar". Estas palavras pareciam-me verdadeiras. Consegui me ajoelhar e proferir a oração. Compreendi que a fé estava em mim e que ela não poderia ser nada além da simples confiança em Deus. (6)

✡

Não fiquemos parados quando a nossa oração pessoal parecer pobre, e as nossas palavras, confusas.

Não é o desejo profundo de nosso espírito experimentar a comunhão com Deus?

Três séculos após Cristo, Agostinho, um crente africano, escreveu: "O anseio por Deus já é oração. Se quiser orar sem parar, jamais pare de ansiar..."

A simplicidade no coração nos leva à oração contemplativa. Nela, podemos nos entregar totalmente a Deus, nos deixar levar até Ele.

Esse caminho de entrega a Deus pode ser apoiado por cânticos simples; retomados repetidamente, podem ser uma ajuda, por exemplo:

*Mon âme se repose em paix sur Dieu seul.* (Só em Deus descansa em paz a minha alma.) Quando trabalhamos e quando descansamos, esses cânticos ressoam em nosso coração.

Quando vivemos nessa comunhão, Deus, que permanece invisível, não necessariamente nos fala com palavras humanas. Ele fala conosco principalmente através de inspirações silenciosas.

O silêncio da oração parece não ter importância alguma. Mas é no silêncio que o Espírito Santo nos torna capaz de receber a alegria divina; Ele toca o fundo da alma. (7)

✼

Uma pessoa que reza tem um ponto de referência. Este polo invisível e oculto o puxa para frente. Muitas vezes serão pequenos passos, mas o objetivo em que ele foca o preenche e o faz seguir adiante.

Aos poucos, ele descobre que pode ser habitado por outro além de si mesmo. Se ele ouvir o que acontece no fundo de seu coração, se conscientizará de sua unicidade. Tocado em suas raízes mais profundas através de sua oração pobre, transforma-se em outra pessoa para os outros.

*Uma vida que não vem de dentro de nós.*

A oração é luta e entrega ao mesmo tempo. É também a espera – espera pela sinalização de uma passagem, espera pela queda dos muros das resistências interiores. Assim como nós, Cristo também conheceu essa paciência com desejo profundo em sua vida terrena.

A oração também tem algo assustador. Ela nos projeta para fora de nós mesmos e para dentro de outro lugar. Apesar de reconhecermos Cristo no próximo e de Ele sempre viver dentro de nós – ao mesmo tempo Ele está do lado de fora, é nosso espelho.

A oração é sempre pobre, pois é vivida por nós, servos inúteis, até o fim. Ela sempre superará o homem. As palavras não são capazes de descrevê-la.

Na oração existe algo além de tudo o que somos, algo além de nossas próprias palavras.

Todos nós valorizamos tanto a lógica coerente da linguagem. Por isso, é compreensível que muitos, inicialmente, sintam uma espécie de rejeição ou medo de pisar nesse terreno inseguro, onde tudo parece acontecer no indescritível.

Foi assim na história do cristianismo, desde o começo: "Não sabemos como orar, mas o Espírito Santo vem ao encontro de nossa incapacidade e ora em nós".

Ainda que a oração, em seu sentido original, se mantenha igual ao longo dos séculos, no decorrer da história e de acordo com as situações momentâneas de nossas vidas, adota formas diferentes. (8)

✦

Por que afligir-se se Deus não se comunica com você de forma perceptível na oração? O limite entre o vazio e a plenitude é tão vago como o entre dúvida e fé, entre medo e amor.

O essencial permanece oculto aos seus olhos, mas isso aumenta o anseio com que você procura a verdade única. Assim, pouco a pouco é possível pressentir a profundidade e dimensão de um amor que vai além de toda a compreensão. Uma vez ali, você estará nas portas da contemplação. Ali, você recebe a força para o permanente recomeço, para o empenho total e corajoso.

Quando você encontra a si próprio, sem ter alguém que o compreenda, você poderá sentir uma vergonha de existir que pode chegar à autodestruição. Por vezes, você se sentirá como um condenado vivo. Mas, para o Evangelho, não existe o normal ou anormal; simplesmente existem pessoas segundo a imagem de Deus. Quem ainda pode nos condenar? Jesus reza em você. Ele oferece a libertação do perdão a todos que vivem com o coração de um pobre, para que estes também se tornem os libertadores para outras pessoas.

Em toda pessoa há um aspecto de solidão que não pode ser preenchido por nenhuma relação humana, nem mesmo pelo mais forte amor entre duas pessoas. Quem não aceitar essa questão da solidão vive em rebelião contra as pessoas e até mesmo contra Deus.

E, ainda assim, você nunca está sozinho. Permita-se ser levado até o seu mais profundo ser, e você verá que toda pessoa foi feita para ser habitada. Ali na profundeza do ser, onde ninguém se iguala a ninguém, ali Cristo o aguarda. Ali acontece o inesperado.

Como um relâmpago o amor de Deus passará, o Espírito Santo penetra cada pessoa em sua noite, como um raio de luz. Nessa passagem, o Ressuscitado o toca, assume tudo e carrega tudo que é insuportável.

Somente depois, por vezes muito depois, torna-se claro para você: Cristo passou, sua abundância o permeou.

Se os seus olhos se abrirem para a passagem, você dirá a si mesmo: "O coração não ardia em mim quando Ele falou comigo?" (9)

✡

**25 de março de 1976**

Um jovem evangélico me perguntou como poderia suportar a secura, o vazio ocasional de sua oração. Quando uma pessoa se sente para sempre amada no fundo de seu coração, não temerá

a espera silenciosa, ainda que alguns silêncios se estendam até
a morte. (10)

✻

Deus misericordioso,
o Evangelho nos dá uma boa notícia:
Ninguém, nenhuma pessoa
é excluída do seu amor e do seu perdão. (11)

✻

Espírito Santo, luz interior,
jamais queremos escolher a escuridão,
mas sempre deixar entrar
o que vier de clareza brilhante de você. (12)

# Martin Gutl
# (1942-1994)

Martin Gutl nasceu em meio à Segunda Guerra Mundial em uma pequena propriedade rural a leste do estado austríaco Estíria. Marcado pela sua família altamente religiosa, e por seu padre, já no ensino fundamental desejou tornar-se sacerdote. Em 1953, foi para o seminário episcopal de meninos e o ginásio em Graz; em 1961, após a conclusão do ensino médio ingressou na Faculdade de Teologia da Faculdade de Graz. Muitas vezes sentiu-se dividido entre a teoria e a prática, os livros e as pessoas.

Em 1966, Gutl foi ordenado padre na Catedral de Graz: "Inquestionavelmente tornou-se sacerdote, as dúvidas permaneceram", escreveu ele a respeito. Gutl não se deixou desanimar pela desilusão que deixou muitas pessoas resignadas após as grandes mudanças do Vaticano II, e mudou-se para a cidade industrial Mürzzuschlag, ao norte do estado, onde foi capelão. Os trabalhadores da região tinham uma postura reservada e hostil perante a Igreja. Em seu trabalho, Gutl empenhou-se até a total exaustão física e mental, ele queria "ser tudo para todos".

Três anos depois, Gutl foi trabalhar em uma pastoral escolar em Graz. Ao lado da busca por credibilidade pessoal, seu trabalho foi marcado pela busca de um maior engajamento social. Ele começou a escrever textos meditativos para as reuniões semanais, cuja coleção serviu de base para o seu primeiro livro (*Ich begann zu beten* – Comecei a orar). Paralelamente e com a ajuda de seu assistente pastoral, desenvolveu o serviço pastoral telefônico de Graz. Mas, na realidade, o que mais queria era ser sacerdote. E então tornou-se capelão da paróquia municipal de Graz. Os seus primeiros livros fizeram sucesso, e ele estava ficando conhecido.

A partir do outono de 1978, entretanto, Gutl passou a se recolher cada vez mais no Mosteiro Cisterciense Rein-Hohenfurt, perto de Graz. Sentia-se exaurido e ansiava por avançar na direção do essencial. Seguiram-se outras passagens na Ordem dos Irmãos Hospitaleiros em Graz, ou como pároco do vilarejo Sankt Peter ob Judenburg, até que, em 1984, tornou-se diretor eclesiástico na casa de formação diocesana Mariatrost. Aqui, pode novamente desenvolver todo o seu potencial e dar espaço à espiritualidade. Coordenou cursos, deu palestras, organizou dias de reflexão e escreveu orações. Ao mesmo tempo, estava à disposição 24h por dia para pessoas que precisavam de acompanhamento e ajuda.

A causa dos longos períodos de exaustão, das fortes dores de cabeça e das falhas de memória ocasionais foi diagnosticada no começo dos anos de 1990: com menos de 50 anos, ele estava com um tumor no cérebro. Nos anos seguintes, o "guerreiro vociferante" se transformou num orante silencioso que, no dia 20 de agosto de 1994, foi "do crepúsculo para a sua luz" – como diz um de seus textos.

A força poética e esperança de ressurreição dos textos de Gutl levantou os ânimos de muitas pessoas em situações de vida difíceis. No prefácio de um de seus livros (*Der tanzende Hiob* – O Jó dançarino), traduzido para nove idiomas, ele escreveu:

> Os últimos anos trouxeram-me inúmeros encontros com pessoas marginalizadas e bem-sucedidas, felizes e infelizes. Os textos deste livro estão estreitamente relacionados com a prática diária, com as minhas meditações e a minha autorreflexão.

Considero os meus textos orações. Quem quiser compreender estes textos, precisará de muito silêncio. Peço que os textos não sejam lidos um após o outro. A experiência própria do leitor deve ser tocada. Os textos são uma ressonância da fé que ama o mundo com as pessoas, que toma conhecimento do caos e do sofrimento e que percebe a ressureição aqui e agora através dos sentidos.

✻ ✻ ✻

**Sempre quis falar com você**
Ó Deus,
sempre quis falar com você,
quis rezar, com palavras próprias,
com as palavras dos outros, rezar com fórmulas,
proferir orações.
Eu queria fazer algo antes de você,
pois não tenho paciência
de ficar atento por tanto tempo,
e você muitas vezes demora tanto
até terminar de falar dentro de mim,
até chegar com a sua voz.
Talvez seja
porque estou tão longe
e envolvido com as minhas preocupações.
Até eles se acalmarem, os meus pensamentos,
até eles lentamente se retraírem,
demora muito
e me falta a paciência.

Ó Deus,
falta-me a paciência para me abrir.
No entanto, por vezes você me surpreendeu.
Eu estava simplesmente sentado
e sem vontade de falar,
eu estava simplesmente aberto.

Simplesmente estava presente
e você também estava,
e eu não fiz nada, nada mesmo,
apenas aguardei.
E então experimentei como é bom
quando você está.
Não havia experimentado isso antes,
até compreender
o que é orar.
Orar não é gerar palavras,
Orar é amar silenciosamente
e permitir-se ser amado.
Orar é escutar e sentir
que você está perto, ó Deus! (1)

✡

## Comecei a rezar

Houve um tempo
em que eu estava cego.
Eu pensava o que todos pensavam,
dizia o que todos diziam,
fazia o que todos faziam.
Houve um tempo
em que eu comprei uma pequena imagem devocional,
em que passava as contas do terço,
em que rezava trinta salmos por dia.
Houve um tempo
em que eu cumpria o meu dever,
em que eu pensava de forma esquemática,
em que o mundo me parecia muito distante.

Houve um tempo
em que eu estava cego.


E então eu me tornei atento.
E então percebi: há muitas coisas erradas.
Elas falam do condicionalismo
e destroem o homem.
Elas falam de paz
e comercializam armas.
Elas enriquecem em cima dos emigrantes
e do Terceiro Mundo.
Elas odeiam umas às outras
e vão juntas para o culto.
E então me tornei atento.


E então me tornei atento.
E então eu li a Bíblia.
Um tentou o caminho reto,
referindo-se a Deus,
disse a verdade.
Li sobre o seu fim
e li sobre a sua ressurreição.
E então me tornei atento.


E então comecei a questionar. Quem é responsável pelo mundo
ser como é?
Nós?
Ninguém?
Deus?
Quem mais?

Quem o mudará?
Nós?
Ninguém?
Deus?
Alguém mais?
Quem faz alguma coisa?
Nós?
Ninguém?
Alguém mais?
E então comecei a questionar.
Comecei a rezar. (2)

✡

**Gritos de gaivotas**

Com sinfonias de Tchaikovski nos ouvidos,
com mil olhos e mãos no coração,
com os sonhos do voo pelo espaço,
com as feridas após o encontro,
com a paz após o perdão,
com as biografias dos profetas,
com o tremor diante do teu Eu abismal,
com o conhecimento da pessoa que pressente
eu te sigo,
nuvem brilhante,
coluna de fogo que vagueia pelo deserto
até o Monte Sinai
para te ver.
Durante cinco Pai-nossos. (3)

✡

## Por um instante

Ficar de pé em uma igreja.
Por um instante
ser um só
com as pedras do chão,
com os muros, com as janelas,
com os arcos, os pontudos e os arredondados,
com o céu e a terra,
com o ontem e o hoje,
com o corpo e a alma,
comigo e com os outros,
com amigos e inimigos,
com Deus em mim,
com Deus fora de mim.
Por um instante
não ser nada além disso.
Ser eterno.
Ser humano. (4)

✡

## Após a oração

Após a oração
erguer o universo com um dedo,
facilmente,
como Jesus, ainda criança,
segura o globo terrestre
nos altares barrocos.
Orar significa:

pegar emprestado
as asas dos anjos. (5)

✿

**Ser ofendido**

Ser ofendido por uma carta,
ser profundamente magoado.
O que fazer?
Responder com raiva?
Dar os ombros?
Esquecer?
Intimar para um duelo de palavras?
Resignar-se, ficar triste?

Reze pela compreensão daquilo
que o seu opositor quis lhe dizer!

Silenciar-se,
gerar bons pensamentos,
não reprimir nada,
lutar, sofrer,
dar-se o tempo necessário
até que o amor,
e não o ódio,
lhe dite as palavras. (6)

✿

**No sentido de Cristo**

As preocupações e pensamentos obscuros
tendem a se
espalhar na alma.
Pense no sentido de Cristo!
Pense naquele que curou!
Pense naquele que purificou os leprosos
e podia transformar os pecadores e publicanos!
Pense no sentido de Cristo!
Pense naquele que multiplicou os pães
e na Ceia do Senhor serviu a si próprio!
Pense no sentido de Cristo!
Ele está com você!

Pense no sentido de Cristo!
Pergunte-o sobre todas, até as menores coisas do seu dia a dia.
Ele pode lhe mostrar uma solução,
desconhecida e surpreendente.
Milhões de pessoas comprovam isso.

Pense no sentido de Cristo
e não permaneça nas entranhas
das suas dúvidas!
Pense no sentido de Cristo!
Comece a orar:
"Senhor Jesus Cristo,
Filho do Deus vivo,
tende piedade de mim!"
Pense no sentido de Cristo!
Reze a oração do coração muitas e muitas vezes,
e a neblina
que encobre a sua consciência
se dissolverá. (7)

✿

**Eu te adoro**
Eu me transformo, eu cresço,
Tu vais à minha frente.
Eu te adoro
com as flores na primavera,
com a imensidão dos mares,
com o choro de uma criança,
com o suspiro de um velho,
com a ferida dos pensadores,
com a dor dos solitários,
com a sabedoria dos maduros.
Por mais que eu te encontre,
por mais que eu te sinta,
Tu segues adiante à minha frente.
Atento à infinita imensidão
eu crio as cores,
as palavras e os tons
até Tu me acolheres
em seu eterno ser! (8)

# Dorothee Sölle
# (1929-2003)

Dorothee Steffensky-Sölle, nascida em Nipperdey, era de uma família burguesa protestante erudita de Colônia. Em sua infância, teria preferido ser menino. Cresceu sem socialização eclesiástica e, inicialmente, tendeu ao existencialismo. Através de sua impressionante professora de religião na escola, conheceu um cristianismo aberto e reflexivo, e começou a se interessar. De 1949 a 1954, estudou Filosofia, Ciências da Literatura e Teologia Evangélica em Colônia, Göttingen e Friburgo. Em 1971, habilitou-se na Faculdade de Filosofia em Colônia, mas jamais iniciou uma cadeira na Alemanha. Foi professora efetiva e, mais tarde, professora-convidada (1994: cadeira honorária na Universidade de Hamburgo). A partir de 1960, também atuou como escritora e colaboradora autônoma no rádio, e como docente particular para Germanística. Sölle publicou inúmeros poemas sobre temas religiosos e políticos. Em 1982, ganhou o Prêmio Droste da cidade de Meersburg pelos seus poemas. De 1975 a 1987, lecionou Teologia Sistemática no Union Theological Seminary, de orientação liberal, em Nova York.

O seu primeiro casamento acabou em 1965, desencadeando uma severa crise existencial. Casou-se novamente em 1969 com o ex-monge beneditino Fulbert Steffensky, que se converteu para o protestantismo e, depois, foi professor de pedagogia religiosa em Hamburgo. Teve três filhos no primeiro casamento e uma filha no segundo casamento com Steffensky.

Sölle engajou-se no movimento pela paz em diversas organizações eclesiásticas ecumênicas e de esquerda, foi cofundadora da chamada oração noturna política, de 1968 a 1972, em Colônia. Após protestos contra o estacionamento de foguetes Pershing por decisão da Otan (Mutlangen, Fischbach), ela foi condenada por coação. Sua teologia era uma "teologia após Auschwitz". Além disso, Sölle também conheceu outra visão de textos bíblicos em seu encontro com comunidades de base da América Latina e Central e com a teologia da libertação. Ela defendia uma teologia política decisiva e acreditava que Deus só poderia agir neste mundo através das pessoas. Sua teologia provocativa ("Acreditar em Deus de forma ateísta") e seu engajamento pela justiça social gerou controvérsias não apenas nos meios eclesiásticos. *Niedergefahren zur Sölle!\** (Desceu para a Sölle), esbravejavam cristãos conservadores contra ela e seus seguidores, numa adaptação raivosa do credo apostólico. Foi uma palestrante requisitada em festas da igreja e diversos outros eventos.

Em 2003, durante um encontro em Bad Boll sobre o tema "Deus e a felicidade", ela sofreu um infarto e morreu. Ali, em sua última palestra, ela dissera: "Começamos o caminho para a felicidade não como quem procura, mas como quem já foi encontrado".

✳ ✳ ✳

### Alimentar-se de salmos

Para mim, os salmos são dos mais importantes alimentos. Eu os como, eu os bebo, eu os mastigo, por vezes os cuspo, e por vezes repito um para mim mesma durante a noite. Eles são pão para mim.

---

\* Em alusão à palavra alemã *Hölle* = inferno [N.T.].

Sem eles, temos uma anorexia espiritual, bastante difundida entre nós e que, muitas vezes, leva ao empobrecimento mortal do espírito e do coração. Em nossa região do mundo, a riqueza material e o conhecimento tecnológico impõem as condições para a morte espiritual dos superdesenvolvidos. Portanto, em primeiro lugar, quero dizer: comam os salmos. Um por dia.

Antes do desjejum ou de ir dormir, tanto faz. Não percam muito tempo com o que considerem estranho ou incompreensível ou mau, repitam os versos que emanem força, que aumentem a liberdade de dizer Sim ou Não.

Encontrem o seu próprio salmo. Eis uma missão de vida muito grande para nós, mas não se permitam diminuir em vão. "Que meu espírito cante para Deus" – assim rezavam pessoas que viveram em terríveis condicionalismos diminutivos. Famintos recurvados, amedrontados, mulheres com mente e alma doentes o conheciam e cantavam. "Louve o Senhor, minha alma", diziam para a sua alma. Comam o salmo, Deus já assou o pão, os pais e mães da fé já cuidaram de tudo para nós. Comam e aprendam a fazer pão.

De que adianta isso, alguns devem se perguntar. Sim; de que adianta essa estranha atividade ultrapassada chamada "rezar" ou meditar ou comer salmos? O "trabalho" bíblico é trabalho não remunerado para todos que participam disto. Portanto, de nada adianta, não é?

Outros cristãos ecumênicos, por exemplo, as pessoas no Brasil, chamam isso de "rezar a Bíblia". Isso adianta de alguma coisa? Esse tipo de trabalho, essa forma de rezar? Não quero me esquivar dessa pergunta, mas antes de respondê-la quero falar mais uma coisa sobre os salmos que certamente se aplica para este daqui, o 104: são formulários de oração, você deve preenchê-los. Um formulário é algo em que você escreve o seu nome, a sua data de nascimento, o seu endereço; e então eu quero pedir a todos vocês que no local em que está escrito "minha alma", coloquem o seu nome, desde Adelaide a Zwetlana, de Antônio a Xavier, e isto, naturalmente, é apenas o começo. O salmo é um formulário, e você deve colocar o seu nome e a sua dor, sua alegria e sua felicidade e seus medos e sua terra e suas árvores e tudo o que você ama. (1)

✡

**Um dia desses**

Muitas vezes te perguntamos
por que eu e por que comigo
onde você está, Deus
que deve nos querer bem
você está ocupado
por que não cuidas

Você sempre nos pergunta
você não me viu
você não me ouviu quando eu gritei
você estava ocupado
por que não cuidas de mim

Certo dia paramos de perguntar
nos tornamos amargos e cínicos
Deus não me ajudou
o que será, será
nós pessoas pequenas
nós não temos poder

Você continua nos perguntando
você não me viu
você não me ouviu quando eu gritei
me aceite como sou
esta questão do poder irá se resolver

Um dia desses
iremos escutá-lo
pararemos de olhar fixo para o alto
não esperaremos mágicos
o aceitaremos como cristo
como és
abriremos a porta
em que você tanto bateu
e o deixaremos entrar estrangeiro
seu aidético
sua mulher velha e inútil (2)

✶

**Eu, sua árvore**

Não é você que deve resolver os meus problemas
mas eu que devo resolver os seus, Deus dos exilados
não é você que deve saciar os famintos
mas eu que devo proteger os seus filhos
do terror dos bancos e militares
não é você que deve dar espaço aos refugiados
mas eu que devo te receber
Deus mal-escondido dos miseráveis

Você me sonhou, Deus
treinando a caminhar em pé
e aprendendo a ajoelhar
mais bela do que sou agora
mais feliz do que ouso
mais livre do que permitido aqui
Não pare de me sonhar, Deus
eu não quero parar de lembrar
que sou sua árvore
plantada nos riachos
da vida (3)

✡

Não foi fácil falar sobre a minha experiência "de morrer". Essa morte foi, para mim, a total destruição de um primeiro projeto de vida. Tudo que eu construíra, aquilo pelo que eu torcia, em que eu acreditava e queria, foi destruído. Provavelmente é uma experiência parecida com a morte de uma pessoa muito querida, mas na história de um casamento e de sua separação, a questão da culpa tem um peso maior, e a consciência de ter esquecido, perdido ou errado irrevogavelmente em algum ponto não pode ser apaziguada por qualquer crença em destino. Precisei mais de três anos, não para "digerir" isso, mas apenas para superar as constantes fantasias de suicídio que me acompanhavam. Querer morrer era a única esperança, o único pensamento. Nessa situação, em uma viagem pela Bélgica, certa vez entrei em uma dessas igrejas góticas. A expressão "rezar" agora não me parece apropriada; eu era um único grito. Eu gritei por socorro, o que, para mim, tinha duas possibilidades: o meu marido voltar para mim, ou eu morrer e essa execução interminável finalmente acabar. Nessa igreja, mergulhada no meu grito, lembrei-me de uma palavra da Bíblia: "A minha graça te basta".

Eu já odiava essa palavra há tempos, para mim era a expressão de uma brutalidade por nada atenuada. Paulo desejara a saúde de que precisava para a sua vida e o seu trabalho, e apesar de implorar para Deus com o coração aberto, Deus o jogou com o rosto no chão de pedra. O Deus todo-poderoso, que para milhares tinha saúde, vida longa e próspera, para Paulo nada mais tinha que uma frase que não alterava a realidade insuportável, mas a fixava.

Naquela época, devo ter chegado até a metade do túnel. Realmente não sabia o que a palavra teológica "graça" poderia significar se toda a realidade da minha vida não tinha relação alguma com ela. Mas "Deus" acabara de me "dizer" essa frase. Eu saí da igreja e, a partir dali, não passei mais a rezar para que o meu marido voltasse para mim. (Ainda rezei por muito tempo para poder morrer.) Lentamente comecei a aceitar que o meu marido estava seguindo um caminho diferente, o seu próprio caminho. Eu estava no fim, e Deus acabara com o meu primeiro projeto de vida. Ele não me consolara, como um psicólogo que me explicaria que isso teria sido previsível; Ele não me ofereceu os apaziguamentos socialmente comuns. Ele me jogou com a face no chão. Não era sequer a morte que eu desejava, muito menos a vida. Era outro tipo de morte.

Mais tarde, percebi que todos que creem também mancam um pouco, como Jacó após a luta com o anjo. Eles já morreram uma vez. Não se deseja isso a ninguém, mas também não é possível tentar evitar através de ensinamentos. A experiência da fé é tão pouco substituível quanto a experiência do amor físico. O fato de a graça de fato "bastar" para a vida e de que nada pode nos "separar" do amor de Deus, nem mesmo a própria morte, são experiências que podemos relatar, mas que não podemos prever nos planos. (4)

✡

Se a linguagem é algo diferente do que a vestimenta casual das palavras, ela sempre ocorre de um para o outro. O discurso é um diálogo, e a fala, uma conversa. É autojustificativa, crítica, elogio, grito – como for, enquanto linguagem jamais é palavra, já é resposta. Uma frase de Hölderlin que Heidegger trouxe à tona diz: "[...] desde que somos um diálogo e podemos ouvir um ao outro". O diálogo que não travamos, mas somos, nos revela como respondentes. No caso da oração, isto quer dizer que não é objetivo da oração que Deus ouça, e sim sua precondição. Não é um grito contra o céu vazio que acontece ali, mas também há uma resposta onde alguém grita para o céu vazio para Ele, e isto só é possível porque já havia alguém ali antes (Is 65,24). Este antes, prévio, que está à nossa frente e que permite a nossa resposta, pode ser biblicamente melhor denominado como a pergunta que Deus nos faz. Onde você está? Onde está o seu irmão? Na oração, procuramos dizer onde estamos – na rotina, no tédio, no tumulto, na felicidade. Tentamos dizer quem somos – o seu Pai que está no céu, e não aqui, que poderiam precisar do reino e da vontade, mas não os têm consigo, nós: famintos, culpados, tentados – nesse sentido que o Pai-nosso nos diz. Orar é responder, e poder responder à pergunta do amor é toda a nossa definição. Os polos não são mais o poder e a impotência entre os quais vagueia a oração, mas agora de forma mais humana: queixa e júbilo, grito e esperança. Toda a nossa vida é composta de tais tentativas de resposta e falhas de resposta, álibi ou atitude substituta. A questão é se ouvimos as perguntas de Deus.

Entretanto, as suas perguntas não são resolvidas com as respostas que somos nós. Deus não nos interroga, mas fala conosco como com Moisés, "como um homem fala ao seu amigo" (Ex 33,11). O que no Antigo Testamento se aplica a um escolhido agora se aplica a todos os escolhidos por Deus: a amizade. Ela é a nova razão da oração, que dá tão pouco valor à heteronomia das religiões – "Deus está em todos os lugares, tudo em nós silencie..." – quanto à autonomia dos sem religião. Mas o que seria da amizade sem a obstinação daqueles que questionam Deus? Existe uma resistência na oração que não pode ser negada ou apaziguada: Que Deus se posicione! É a nossa chance de perguntar: Por que me abandonastes? E com isso, ao mesmo tempo: Quando virás?

Questionados por Deus, respondemos e perguntamos de volta Àquele que deve manter todas as suas promessas. No jogo destas perguntas entre si – eu as citarei mais uma vez: Onde estás? Onde está o seu irmão? Por que nos abandonastes? Quando voltarás? – no jogo do amor é de fato a oração que une o mundo, por deixar o seu futuro em aberto.

Porque não é o conhecido, possuído, percebido e aproveitável, o materializado por si que é dito ou digno de ser dito, mas aquilo que ainda está por vir. Na oração, a pessoa faz uma aposta. Ela coloca o seu futuro, que continua preso ao Deus ainda pendente, em jogo. Mas nem mesmo esse esforço é um primeiro, mas uma resposta ao Deus que se colocou em jogo em Jesus de Nazaré, que revelou e humilhou o seu próprio futuro para dentro das histórias das pessoas. O jogo não acabou. (5)

✡

**Uma oração segundo 1Jo 3,2**

E ainda não surgiu o que seremos
ó Deus que se abre e evidencia
quando chegará a hora
quando nos tornaremos visíveis
quando a verdade em nós se tornará visível
quando em nossas cidades se verá
aqui moram filhos e filhas de Deus
que não separam os negros dos brancos
e turcos dos alemães
e não excluem as mulheres da busca pela verdade
quando nos tornaremos visíveis, Deus
como suas filhas e filhos

E ainda não surgiu o que seremos
ó Deus que geras a vida e a risada
quando chegará a hora
quando nos revelaremos
quando a verdade se tornará visível para nós
quando em nossos programas de televisão será possível reconhecer
aqui vivem amigos de Deus
eles não excluem ninguém
jogam handebol com aqueles
que outrora chamaram de inimigos
e confiam neles que são seus filhos como nós
quando nos tornaremos visíveis, Deus
como suas filhas e seus filhos

E ainda não surgiu o que seremos
ó Deus que nos conheces melhor do que nós mesmos
quando não precisaremos mais esconder a nossa face
dos famintos
quando nos tornaremos visíveis
quando a verdade brilhará através de nós
quando em nossas relações comerciais será possível ver
aqui vivem as novas pessoas as fraternais
quando o sol da justiça nascerá sobre nós
e a noite das explorações chegará ao fim

quando nos tornaremos visíveis, Deus
filhos e filhas em seu reino

E ainda não surgiu o que seremos
ó Deus que criastes tudo
quando chegará a hora
que consideraremos muito bom como Tu
quando nos tornaremos visíveis
quando a verdade brilhará
quando em nossos jardins e campos será possível ver
aqui vivem as doces crianças do mundo
que não aprenderam a violentar
e desaprenderam a roubar
aqui vivem pequenas pessoas
que não constroem torres até o céu
e não testam os animais até a morte

Deus amigo das pessoas amigo da terra
venha logo
maranata apresse-se
torne-nos visíveis
filhas e filhos
em seu reino (6)

# Orações famosas

**Oração da paz**

Senhor! Fazei de mim um instrumento da vossa paz.
Onde houver ódio, que eu leve o amor.
Onde houver ofensa, que eu leve o perdão.
Onde houver discórdia, que eu leve a união.
Onde houver erro, que eu leve a verdade.
Onde houver dúvidas, que eu leve a fé.
Onde houver desespero, que eu leve a esperança.
Onde houver trevas, que eu leve a luz.
Onde houver tristeza, que eu leve a alegria.
Ó Mestre, fazei que eu procure mais:
consolar, que ser consolado;
compreender, que ser compreendido;
amar, que ser amado.
Pois é dando que se recebe.
É esquecendo-nos de nós mesmos que nos encontramos.
É perdoando que se é perdoado.
E é morrendo que se vive para a vida eterna.

A oração da paz é originária da França. Sua mais antiga prova pode ser encontrada em uma revista de dezembro de 1912 (*Belle prière à faire pendant la mess* – Uma bela oração para a missa). A oração rapidamente tornou-se popular. Ela contém uma postura visivelmente contrária ao entusiasmo pela guerra que tomou conta da Europa poucos meses depois. Desde 1927, muitas vezes o autor do texto é citado como sendo Francisco de Assis, no entanto não há referências históricas que comprovem isto.

✼

**Oração das Nações Unidas**

Senhor, a nossa Terra é apenas um pequeno astro no grande espaço sideral.
Depende de nós transformá-la em um planeta
cujas criaturas não sejam judiadas por guerras,
torturadas pela fome e o medo,
dilaceradas por uma separação sem sentido
por raças, cores ou ideologias.
Dai-nos a coragem e a previsibilidade
para começar ainda hoje com esta obra,
para que os nossos filhos e netos um dia
carreguem o nome Humanos com orgulho.

A chamada Oração das Nações Unidas (*The United Nations Prayer*) tornou-se conhecida em 1942, através de um discurso do Presidente Franklin D. Roosevelt no rádio por ocasião do "Flag Day" (Dia da Bandeira – 14 de junho), quando também falou sobre a recém-assinada "Declaração das Nações Unidas" (data de criação das Nações Unidas: 24 de outubro de 1945). O escritor americano e detentor do prêmio Pulitzer Stephen Vincent Benét (1898-1943) escreveu a oração.

✡

**Oração de Wessobrunn**

Aprendi esta que é a maior das sabedorias do homem:
Que embaixo não era a terra e tampouco em cima o céu;
Nem a árvore, nem a montanha.
O sol não brilhava dourado
Nem a lua refletia-se no maravilhoso mar;
Como não havia ainda um começo de fins e viradas,
Havia apenas o único Deus todo-poderoso,
mais compassivo, e com Ele
Muitos espíritos maravilhosos. E Deus, o santo...
Deus todo-poderoso, que criastes o céu e a terra

E que destes tantas coisas boas aos homens,
Dá-me, em tua graça e verdadeira fé
e boa vontade,
sabedoria e prudência e força
para resistir aos demônios, evitar o mal
e realizar a tua vontade.

A oração de Wessobrunn é oriunda do mosteiro bávaro Wessobrunn, possivelmente também de St. Emmeran, em Regensburg, e foi escrita no século IX, e é a primeira parte de um poema bávaro em alemão clássico com aliterações sobre o estado do mundo antes da criação e da subsequente formação do mundo.

✡

**Oração da manhã dos cristãos da África Ocidental**
Senhor, lance a minha alegria como pássaros no céu.
A noite voou e alegro-me com a luz.
O teu sol queimou o orvalho da grama
e do nosso coração.
O que emana de nós, o que nos envolve
nesta manhã, é gratidão.

Senhor, estou feliz nesta manhã.
Os pássaros e anjos cantam, e eu também jubilo.
O universo e os nossos corações estão abertos para a tua graça.
Eu sinto o meu corpo e agradeço.
O sol aquece a minha pele, eu agradeço.
O mar rola contra a praia, eu agradeço.
As ondas respingam na nossa casa, eu agradeço.
Senhor, alegro-me com a criação
e porque estás por trás e ao lado
e à frente e por cima e em nós.

Alegro-me, Senhor, alegro-me e alegro-me.
Os salmos cantam sobre o teu amor, os profetas
o anunciam,
e nós o sentimos:
Natal, Páscoa, Pentecostes e Festa da Ascensão de Cristo
são todos dias em tua graça.

Senhor, eu lanço a minha alegria
como pássaros no céu.
Um novo dia que brilha e estala,
explode e jubila com o teu amor.
Cada dia é feito por ti. Aleluia, Senhor!
Amém.

Essa oração contagiante da África é largamente conhecida. É metafórica, concreta e repleta de alegria. Um orante sem nome descreve a beleza da criação que se revela aos seus olhos no começo de um novo dia. Tudo o que ele sente e vê gera grande alegria dentro de si, e ele louva Deus como o criador no coro com todas as criaturas e os anjos. Deus presenteia os homens a cada dia com o seu amor abundante (a ponto de "explodir"). Uma oração que poderia ser acompanhada por gestos e dança.

✡

**Hans Magnus Enzensberger – Gratidão cuidadosa**

Destinatário desconhecido<br>Retour à l'expéditeur

Muito obrigado pelas nuvens.
Muito obrigado pelo cravo bem temperado
e, porque não, pelas botas de inverno quentes.
Muito obrigado pelo meu cérebro estranho
e por tantos outros órgãos escondidos,
pelo ar, e claro, também, pelo Bordeaux.
Meu sincero agradecimento por
meu isqueiro

não apagar,
e o desejo, a compaixão,
a afetuosa compaixão.
Muito obrigado pelas quatro estações,
pelos números e pela cafeína,
e, naturalmente, pelos morangos no prato,
pintados por Chardin, e também pelo sono,
especialmente pelo sono,
e, para que eu não me esqueça,
pelo começo e pelo fim
e os poucos minutos entre eles,
gratidão, sempre,
e, por mim, também pelos ratos lá fora no jardim.

H.M. Enzensberger (*1929) estudou Letras e Filosofia, entre outros foi redator de rádio e, desde 1957, trabalha como escritor independente. É autor de críticas por vezes agressivas de Literatura, contemporâneas e sociais. Com a publicação do *Kursbuch* (Livro de curso) entre 1965 e 1975, influenciou, como formador de opinião, o movimento estudantil dos anos de 1960 e os intelectuais na Alemanha. Até hoje, manifesta-se com frequência em debates culturais e políticos.

✡

**Hanns Dieter Hüsch – Salmo**

Estou alegre
redimido
livre
Deus tomou em suas mãos
O meu tempo
O meu sentimento pensamento
Escuta fala
Meu triunfo
E desânimo
A miséria
E o carinho

O que me torna tão alegre
Em meu pequeno reino
Eu canto e danço para cá e para lá
Da cama infantil até o defunto

O que me torna tão alegre
Em muitos dias obscuros
Vem um espírito em meu pensamento
Quer me carregar através da vida

O que me torna tão leve
E não deixa melancolia alguma me prender
Porque meu Deus me ensina a rir
De todo o mundo

H.D. Hüsch (1925-2005), alemão, foi autor de músicas, escritor, autor de livros infantis, ator, apresentador de rádio e, principalmente, um representante altamente produtivo e bem-sucedido do cabaré literário, apesar de ele mesmo se ver mais como "artista literário" ou "palhaço filosófico". Defendeu sempre a tolerância cristã e empenhou-se em festividades da igreja e como pregador. Em 2000, Hüsch recebeu o Prêmio para a Pregação da Verlag für die Deutsche Wirtschaft (Bonn).

✡

**Wolfgang Borchert – Quando és bom, Bom Deus?**
Eu não digo Bom Deus, Tu, eu não conheço ninguém que seja um Bom Deus, Tu!
[...] Quando és bom, Bom Deus? Foste bom quando permitiste que o meu pequeno menino, com um ano de vida apenas, quando Tu permitiste que o meu pequeno menino fosse rasgado por uma bomba estrondosa? Foste bom quando permitiste que ele fosse assassinado, Bom Deus, sim? [...]
Não prestaste atenção quando ele gritou e as bombas explodiam. Onde estavas, quando as bombas explodiram, Bom Deus? Ou foste

bom quando na minha tropa faltaram onze homens? Onze homens a menos, Bom Deus, e sequer estiveste ali, Bom Deus. Os onze homens certamente gritaram alto na floresta solitária, mas Tu não estavas ali, simplesmente não estavas ali, Bom Deus. Em Stalingrado foste bom, Bom Deus, fostes bom ali, hein? Sim? Quando é que foste bom, Deus, quando? Quando é que te preocupaste conosco, Deus?

[...] Ah, Tu és velho, Deus, és antiquado, não consegues mais acompanhar as nossas longas listas de mortos e medos. Não te conhecemos mais direito, Tu és um Bom Deus do conto de fadas. Hoje precisamos de um novo. Sabes, um para o nosso medo e angústia. Um totalmente novo. Ó, nós te procuramos, Deus, em cada ruína, em cada cratera de granadas, em cada noite. Nós te chamamos. Deus! Berramos o teu nome, choramos, esbravejamos! Onde estava, Bom Deus? Onde estás hoje à noite? Tu te afastaste de nós? Tu te recolheste nas tuas belas igrejas antigas, Deus? Não ouves os nossos gritos através das janelas quebradas, Deus? Onde estás?

W. Borchert (1921-1947) foi livreiro, ator e assistente de direção. Como soldado alemão na 2ª Guerra Mundial, foi condenado diversas vezes na Campanha da Rússia por críticas ao nazismo e desmoralização das forças armadas. Morreu aos 26 anos, durante férias na Suíça. O poeta expressionista melancólico ficou conhecido em 1947 principalmente pela sua peça apresentada em praticamente todos os palcos alemães, *Draussen vor der Tür* (Do lado de fora da porta), em que ele retratava a total perda de raízes dos de tudo privados veteranos de guerra. A peça estreou um dia após o seu falecimento.

✼

**Thomas Morus – Oração do bom humor**
Dá-me uma boa digestão, Senhor,
e também algo para digerir!
Dá-me saúde do corpo
e o bom-senso para conservá-lo o melhor possível.
Dá-me um espírito jovial, Senhor,
que tenha sensibilidade
para o bem e o puro
e que não se espante diante do pecado,

mas sempre encontre um meio
de colocar tudo em ordem novamente.
Dá-me um espírito
que desconhece o tédio,
que ignore o murmúrio,
os suspiros e as lamúrias,
e não permitas
que me preocupe demais
por aquele algo que se quer impor cada vez mais
chamado "Eu".
Senhor, dá-me sentido para o humor,
dá-me a graça
de entender uma brincadeira,
para que eu tenha um pouco de alegria na vida
e possa também transmiti-la aos outros. Amém.

T. More, em latim, Morus (1478-1535) era inglês e foi humanista, jurista e membro do parlamento inglês. Ele defendia o Rei Henrique VIII contra as agressões dos protestantes. Durante algum tempo, viveu como leigo no Mosteiro dos Cartuxos em Londres. Como seguidor do papa, não aceitava a política religiosa do rei e deixou os seus cargos em 1532, rejeitando, também, o juramento de supremacia contra as reivindicações monárquicas totalitárias, motivo pelo qual foi preso e executado. Em sua obra *Utopia*, ele desenvolvera um modelo ideal do Estado. Era muito conhecido pelo seu bom humor. Foi proclamado beato em 1886, e canonizado em 1935.

✶

**Hildegard von Bingen – Tu nos levas para longe**
Ó força curadora, que abre caminhos!
Permeias tudo:
os altos, os baixos,
e todo e qualquer abismo.
Tu constróis e amarras tudo.

Através de ti, gotejam as nuvens,
em ti suas asas movimentam o ar.
Através de ti, a água comporta a rocha dura,
os riachos correm
e o verde fresco brota da terra.
Tu também guias o espírito,
que bebe a tua verdade, para longe.
Tu sopras sabedoria nele
e, com a sabedoria, a alegria.

Hildegard von Bingen (1098-1179) viveu enclausurada desde os 8 anos de vida. Ela era abadessa do convento na montanha Disibodenberg e, em 1147/1150, fundou um novo convento sobre o Monte Rupersberg, assim como uma filial perto de Rüdesheim. As suas visões, que ela anotou seguindo a orientação de seu confessor, foram reconhecidas pelo papa e tiveram enorme repercussão. Ela era uma renomada interlocutora, crítica e conselheira de leigos e de membros do clero; profeta e autora de escrituras médicas-científicas e místicas, cartas e canções. É uma das mais conhecidas mulheres da época medieval. Foi canonizada em 2012.

# Documentos e fontes

Editor e editora alemães agradecem aos proprietários dos direitos autorais a seguir pela gentil autorização de impressão dos poemas, textos e traduções. Em alguns casos, os proprietários dos direitos autorais não puderam ser localizados, apesar de todos os esforços. A editora se compromete a cumprir as reivindicações legais dentro dos padrões habituais.

Por questões legais, todos os textos das fontes permanecem na ortografia antiga sempre que apresentados nessa forma na obra original. O mesmo se aplica às demais divergências de ortografia e pontuação atualmente válidas.

### Francisco de Assis

*Gebet vor dem Kreuzbild von San Damiano (Gebet in der Stunde der Bekehrung)*, von: Dieter Berg. Leonhard Lehmann (Hg.): Franziskus-Quellen. © 2009 Edition Coelde in der Butzon & Bercker GmbH. Kevelaer, S. 13, www.bube.de (*Oração diante do crucifixo de São Damião [Oração da conversão]*, de Dieter Berg. Publicação de Leonhard Lehmann: Fontes de Francisco. © 2009 Edition Coelde na Editora Butzon & Bercker GmbH. Kevelaer, p. 13, www.bube.de).

Sonnengesang, von: Lothar Hardick, OFM / Engelbert Grau OFM: *Die Schriften des heiligen Franziskus von Assisi.*, Edition Coelde. © 2001 Butzon & Bercker GmbH. Kevelaer, p. 241s., www.bube.de (Cântico do Irmão Sol, de Lothar Hardick OFM e Engelbert Grau OFM: *As escrituras de São Francisco de Assis*. Edição Coelde. © 2001 Editora Butzon & Bercker GmbH. Kevelaer, p. 241s., www.bube.de).

Lobpreis Gottes, von: Lothar Hardick OFM / Engelbert Grau OFM: *Die Schriften des heiligen Franziskus von Assisi*. Edition Coelde. © 2001 Butzon & Bercker GmbH. Kevelaer, S. 209f., www.bube.de (Louvor de Deus, de Lothar Hardick OFM e Engelbert Grau OFM: *As escrituras de São Francisco de Assis*. Edição Coelde. © 2001 Editora Butzon & Bercker GmbH. Kevelaer, p. 209s., www.bube.de).

### As místicas de Helfta

(1-3, 5, 6) *Mystische Texte des Mittelalters*. Ausgewählt und herausgegeben von Johanna Lanczkowski. © 1999 Philipp Reclam jun. GmbH & Co. KG. Stuttgart (*Textos místicos da Idade Média*. Selecionados e publicados por Johanna Lanczkowski. © Editora Philipp Reclam jun. GmbH & Co. KG. Stuttgart).

(4) Vollmann-Profe, Gisela (Hrsg. und übers.): *Mechthild von Magdeburg:* Das fliessende Licht der Gottheit. Deutscher Klassiker-Verlag. Frankfurt am Main 2003 (Bibliothek des Mittelalters Bd. 19) (Vollmann-Profe Gisela (publicação e tradução)*: Matilde de Magdeburgo:* a luz fluente da divindade. Editora Deutscher Klassiker-Verlag. Frankfurt am Main, 2003 [Biblioteca da Idade Média, vol. 19]).

(7-9) Gertrud die Grosse von Helfta. *Gesandter der göttlichen Liebe [Legatus Divinae Pietatis]*. Lambert Schneider. Heidelberg, 1989. © WBG Darmstadt (Gertrudes a Grande, de Helfta. *Enviado do amor de Deus [Legatus Divinae Pietatis]*. Editora Lambert Schneider. Heidelberg, 1989. © WBG Darmstadt).

## Martinho Lutero

(1, 2, 3, 6-8) *Martin Luther*. Ausgewählte Schriften. Hg. Von Karin Bornkamm und Gerhard Ebeling. 6 Bände. Insel Verlag. Frankfurt am Main 1982 (Bd. II, Bd. VI). (*Martinho Lutero:* Escrituras selecionadas. Publicado por Karin Bornkamm e Gerhard Ebeling. 6 vol. Editora Insel Verlag. Frankfurt am Main, 1982 [Vol. II e VI]).

(4) *Martin Luther*, aus: Betbüchlein, 1522. Weimarer Ausgabe Bd. 10.2, 498 (*Martinho Lutero,* de: Livrinho de orações, 1522. Edição de Weimar, vol. 10.2, 498).

## Jeanne-Marie Guyon du Chesnoy

Jeanne-Marie Guyon. *Von der Leichtigkeit, Gott zu finden*. Hg. von Emmanuel Jungclaussen. © by Neufeld Verlag. Schwarzenfeld 2009 (Jeanne-Marie Guyon. *Sobre a facilidade de encontrar Deus*. Publicado por Emmanuel Jungclaussen. © by Editora Neufeld. Schwarzenfeld, 2009).

## Matthias Claudius

Matthias Claudius. *Worauf es ankommt*. Ausgewählte Werke. Mit Einleitungen und einem Nachwort herausgegeben von Winfried Freund. Lambert Schneider. Heidelberg 1995 (Sammlung Weltliteratur) (Matthias Claudius. *O que importa* – Obras selecionadas. Introduções, epílogo e publicação por Winfried Freund. Editora Lambert Schneider. Heidelberg, 1995 [Coletânea Literatura Mundial]).

## Søren Kierkegaard

(1, 3) Søren Kierkegaard. *Kleine Schriften 1848/1849*. Gütersloher Verlagshaus Gert Mohn, Gütersloh 1984. [Lizenzausgabe

Eugen Diederichs Verlag. Köln, 1960] [= S.K. Gesammelte Werke, hg. von Emanuel Hirsch und Hayo Gerdes, 21., 22., und 23. Abteilung] (Søren Kierkegaard. *Pequenas escrituras 1848/1849*. Editora Gütersloher Verlagshaus Gert Mohn. Gütersloh, 1984 [Edição licenciada da editora Eugen Diederichs Verlag. Colônia, 1960][= S.K. Coleção de obras publicada por Emanuel Hirsch e Hayo Gerdes, seções 21, 22 e 23]).

(5) Søren Kierkegaard. *Christliche Reden 1848*. Gütersloher Verlagshaus Gert Mohn. Gütersloh 1981 [Lizenzausgabe Eugen Diederichs Verlag. Köln 1959] [= S.K. Gesammelte Werke, hg. von Emanuel Hirsch und Hayo Gerdes, 20. Abteilung] (Søren Kierkegaard. *Discursos cristãos, 1848*. Editora Gütersloher Verlagshaus Gert Mohn. Gütersloh, 1984. [Edição licenciada da editora Eugen Diederichs Verlag. Colônia, 1959] [= S.K. Coleção de obras publicada por Emanuel Hirsch e Hayo Gerdes, seção 20]).

### Charles de Foucauld

(3-5, 8) *Charles de Foucauld, Der letzte Platz*. Aufzeichnungen und Briefe. Ausgewählt, übersetzt und eingeleitet von Martha Gisi. Johannes Verlag. Einsiedeln, 1957/Freiburg, 2006 (*Charles de Foucauld, o último lugar* – Anotações e cartas. Selecionado, traduzido e apresentado por Martha Gisi. Editora Johannes Verlag. Einsiedeln, 1957/Friburgo, 2006).

(1, 2, 6, 7) *Charles de Foucauld, Die geistlichen Schriften*. Übertragen von Martha Schmitz. Herold. Wien, 1963 (*Charles de Foucald – As escrituras espirituais*. Transmitido por Martha Schmitz. Editora Herold. Viena, 1963).

### Dietrich Bonhoeffer

Dietrich Bonhoeffer. *Widerstand und Ergebung*. Briefe und Aufzeichnungen aus der Haft. © 1998, Gütersloher Verlagshaus,

Gütersloh, in der Verlagsgruppe Random House GmbH (Dietrich Bonhoeffer. *Resistência e submissão* – Cartas e anotações da prisão. © 1998, Editora Gütersloher Verlagshaus, Gütersloh, do grupo editorial Random House GmbH).

### Dom Helder Camara

(1-5) *Helder Camara, Der Anwalt der Gerechten.* Texte zur Orientierung. Mit einer Einführung herausgegeben von Peter Helbich. Gütersloher Verlagshaus Mohn. Gütersloh 1987 (*Helder Camara, o advogado dos justos* – Textos para orientação. Com introdução e publicação de Peter Helbich. Editora Gutersloher Verlagshaus Mohn. Gütersloh 1987).

(6-10) *Helder Camara, Der Traum von einer anderen Welt.* Meditationen und Predigten. Vorwort: Mario von Galli. © 1981 Pendo Verlag in der Piper Verlag GmbH, München und Zürich (*Helder Camara, o sonho de um mundo diferente* – Meditações e preces. Prefácio de Mario von Gali. © 1981 Editora Pendo Verlag, na Editora Piper Verlag GmbH. Munique e Zurique).

### Madre Teresa

(1-5) Mutter Teresa / Frère Roger. *Gebet* – Quelle der Liebe. © Ateliers et Presses de Taizé. Frankreich. (Madre Teresa e Irmão Roger. *Oração:* fonte do amor. © Editora Ateliers e Presses de Taizé. Taizé, França).

(6) Mutter Teresa. *Ich bin Gottes Bleistift.* Gedanken für jeden Tag. © Verlag Neue Stadt GmbH. München 2008 [Neuausgabe] (*Madre Teresa.* Eu sou um lápis de Deus – Pensamentos para todos os dias. © Editora Neue Stadt GmbH. Munique, 2008 [nova edição]).

**Irmão Roger**

(1-4, 7, 11-12) Frère Roger, Taizé. *Aus der Stille des Herzens.* Gebete. Herder. Freiburg/Basel/Wien 2005 (Irmão Roger, Taizé. *Do silêncio do coração* – Orações. Editora Herder. Friburgo/Basileia/Viena, 2005).

(8, 9) Frère Roger, Taizé. *Aufbruch ins Ungeahnte.* © Ateliers et Presses de Taizé. Taizé, Frankreich (Irmão Roger, Taizé. *Partida para o desconhecido.* © Editora Ateliers et Presses de Taizé. Taizé, França).

(6, 10) Frère Roger, Taizé. *Einfach vertrauen.* Gedanken und Begegnungen. Ausgewählt von Marcello Fidanzio. © Ateliers et Presses de Taizé. Taizé, Frankreich (Irmão Roger, Taizé. *Simplesmente confiar.* Selecionado por Marcello Fidanzio. © Editora Ateliers et Presses de Taizé. Taizé, França).

(5) Mutter Teresa/Frère Roger. Gebet – Quelle der Liebe. © Ateliers et Presses de Taizé. 71250 Taizé, Frankreich (Madre Teresa e Irmão Roger. *Oração:* fonte do amor. © Editora Ateliers et Presses de Taizé. Taizé, França).


**Martin Gutl**

(1, 2, 6-8) Gutl, Martin. *Ich bin bei dir.* Zusammengestellt von Josef Helmut Machowetz. Styria Graz/Wien/Köln 2001 (Gutl, Martin. *Estou ao seu lado.* Compilado por Josef Helmut Machowetz. Estíria Graz/Viena/Colônia, 2001).

(3-5) Gutl, Martin. *Der tanzende Hiob.* Styria Graz/Wien/Köln 1975 (2. Auflage 1976). Martin Gutl. © Karl Mittlinger (Gutl, Martin. *O Jó dançante.* Estíria Graz/Viena/Colônia, 1975 [2. ed., 1976]. Martin Gutl. © Karl Mittlinger).

**Dorothee Sölle**

(1) Dorothee Sölle. *Gesammelte Werke.* Bd. 4, Die Wahrheit macht euch frei. Herausgegeben von Ursula Baltz-Otto und Fulbert Steffensky. Kreuzverlag. Stuttgart 2006 (Dorothee Sölle. *Obras selecionadas.* Vol. 4, A verdade os liberta. Publicado por Ursula Baltz-Otto e Fulbert Steffensky. Editora Kreuzverlag. Stuttgart, 2006).

(2, 3) Dorothee Sölle. *Fliegen lernen*, Gedichte. © Wolfgang Fietkau Verlag. Kleinmachnow o.J. (Dorothee Sölle. *Aprendendo a voar, poemas.* © Editora Wolfgang Fietkau. Kleinmachnow o.J.).

(4) Dorothee Sölle. Die Hinreise. Zur religiösen Erfahrung. Texte und Überlegungen. Gesammelte Werke Bd. 2: *Uns ist noch nicht erschienen, was wir sein werden.* Hg. von Ursula Baltz-Otto und Fulbert Steffensky. © Kreuzverlag in der Verlag Herder GmbH. Freiburg i. Br. 2006, S. 32-33 (Dorothee Sölle. A viagem de ida: para experiência religiosa – Textos e reflexões. *Ainda não sabemos o que seremos*. Vol. 2. Publicado por Ursula Baltz-Otto e Fulbert Steffensky. © Editora Kreuzverlag do grupo Editora Herder GmbH. Friburgo i. Br., 2006, p. 32-33).

(5) Dorothee Sölle. *Atheistisch an Gott glauben.* Beiträge zur Theologie. Olten/Freiburg im Breisgau: Walter-Verlag, 1968 [6. Auflage 1981] (Dorothee Sölle. *Crer em Deus de modo ateísta* – Contribuições para a Teologia. Olten/Friburgo im Breisgau: Walter-Verlag [6. ed., 1968]).

(6) Dorothee Sölle. Loben ohne lügen. © Wolfgang Fietkau Verlag. Kleinmachnow o.J. (Dorothee Sölle. *Elogiar sem mentir.* © Editora Wolfgang Fietkau. Kleinmachnow o.J.).

**Orações famosas**

Hans Magnus Enzensberger. *Empfänger unbekannt* – Retour à l'expéditeur, aus: Hans Magnus Enzensberger, Kiosk. Neue

Gedichte. © Suhrkamp Verlag. Frankfurt am Main 1995 (Hans Magnus Enzensberger. *Destinatário desconhecido* – Retour à l'expéditeur, de Hans Magnus Enzensberger, Quiosque. Novos poemas. © Editora Suhrkamp. Frankfurt am Main 1995).

Hanns Dieter Hüsch: Ich bin vergnügt (Psalm), aus: Hanns Dieter Hüsch/Uwe Seidel: *Ich stehe unter Gottes Schutz.* © tvd-Verlag. Düsseldorf, 1996 (Hanns Dieter Hüsch. Estou alegre [salmo], de Hanns Dieter Hüsch e Uwe Seidel. *Sou protegido por Deus.* © Editora tvd. Düsseldorf, 1996).

Wolfgang Borchert. *Draussen vor der Tür* (Auszug aus der 5. Szene), aus: Wolfgang Borchert. *Das Gesamtwerk.* Hrsg. Von Michael Töteberg unter Mitarbeit von Irmgard Schindler. © 2007 Rowohlt Verlag GmbH. Reinbek bei Hamburg (Wolfgang Borchert. *Do lado de fora da porta* [extraído da 5. cena], de Wolfgang Borcher. *A obra completa.* Publicada por Michael Töteberg com a colaboração de Irmgard Schindler. © 2007 Editora Rowohlt GmbH. Reinbek bei Hamburg).

Hildegard von Bingen. O heilsame Kraft, aus: Hildegard von Bingen. *Scivia* – Wisse die Wege © Otto Müller Verlag, 9. Auflage. Salzburg 1996 (Hildegard von Bingen. *Ó força curadora*, de: Hildegard von Bingen. *Scivia* – Conheça os caminhos. © Editora Otto Müller. 9. ed. Salzburgo, 1996).

**Coletâneas de orações**

Walter Nigg. *Mit Heiligen beten.* Gebetserfahrungen, die helfen, das Leben zu meistern. Rex-Verlag. Luzern/München 1975 (Walter Nigg. *Rezar com os santos* – Experiências de oração que ajudam a enfrentar a vida. Editora Rex. Lucerna/Munique, 1975).

Georg Schwikart/Werner Wanzura (Hg.). *Die grossen Gebete.* Juden, Christen, Muslime. Styria. Graz/Wien/Köln 1996 (Georg

Schwikart e Werner Wanzura [Publicação]. *As grandes orações –* Judeus, cristãos, muçulmanos. Editora Styria. Graz/Viena/Colônia, 1996).

*Gebete der Menschheit.* Aus allen Religionen, Völkern und Kulturen. Vorwort von Franz Alt. Piper. München/Zürich 2006. © 2005 Heinrich Hugendubel Verlag Kreuzlingen/München. Geht zurück auf: Gebete der Menschheit, hg. von Alfonso M. di Nola, Eugen Diederichs Verlag 1963 (*Orações da humanidade –* De todas as religiões, povos e culturas. Prefácio de Franz Alt. Editora Piper. Munique/Zurique, 2006. © 2005 Heinrich Hugendubel Kreuzlingen/Munique. Baseado em *Orações da humanidade.* Publicadas por Alfonso M. Di Nola, Editora Eugen Diederichs 1963).

Jörg Zink. *Entdecken, was uns verbindet.* Spirituelle Texte aus allen Religionen. Kreuzverlag. Stuttgart 2008. Überarbeitete Neuausgabe des 2001 im Kreuz Verlag erschienenen Titels Unter dem grossen Bogen (Jörg Zink. *Descobrindo o que nos une.* Textos espirituais de todas as religiões. Editora Kreuzverlag. Stuttgart, 2008. Nova edição revisada do título publicado pela Editora Kreuzverlag em 2001: Sob o grande arco).

*Herders grosses Buch der Gebete.* Hg. von Gundula Kühneweg. Herder, Friburgo/Basileia/Wien 2009 (O *grande livro de orações.* Publicado por Gundula Kühneweg. Editora Herder. Friburgo/Basileia/Viena 2009).

## CULTURAL

Administração
Antropologia
Biografias
Comunicação
Dinâmicas e Jogos
Ecologia e Meio Ambiente
Educação e Pedagogia
Filosofia
História
Letras e Literatura
Obras de referência
Política
Psicologia
Saúde e Nutrição
Serviço Social e Trabalho
Sociologia

## CATEQUÉTICO PASTORAL

**Catequese**
Geral
Crisma
Primeira Eucaristia

**Pastoral**
Geral
Sacramental
Familiar
Social
Ensino Religioso Escolar

## TEOLÓGICO ESPIRITUAL

Biografias
Devocionários
Espiritualidade e Mística
Espiritualidade Mariana
Franciscanismo
Autoconhecimento
Liturgia
Obras de referência
Sagrada Escritura e Livros Apócrifos

**Teologia**
Bíblica
Histórica
Prática
Sistemática

## REVISTAS

Concilium
Estudos Bíblicos
Grande Sinal
REB (Revista Eclesiástica Brasileira)
SEDOC (Serviço de Documentação)

## VOZES NOBILIS

Uma linha editorial especial, com importantes autores, alto valor agregado e qualidade superior.

## VOZES DE BOLSO

Obras clássicas de Ciências Humanas em formato de bolso.

## PRODUTOS SAZONAIS

Folhinha do Sagrado Coração de Jesus
Calendário de mesa do Sagrado Coração de Jesus
Agenda do Sagrado Coração de Jesus
Almanaque Santo Antônio
Agendinha
Diário Vozes
Meditações para o dia a dia
Encontro diário com Deus
Guia Litúrgico

CADASTRE-SE
www.vozes.com.br

**EDITORA VOZES LTDA.**
Rua Frei Luís, 100 – Centro – Cep 25689-900 – Petrópolis, RJ
Tel.: (24) 2233-9000 – Fax: (24) 2231-4676 – E-mail: vendas@vozes.com.br

UNIDADES NO BRASIL: Belo Horizonte, MG – Brasília, DF – Campinas, SP – Cuiabá, MT
Curitiba, PR – Florianópolis, SC – Fortaleza, CE – Goiânia, GO – Juiz de Fora, MG
Manaus, AM – Petrópolis, RJ – Porto Alegre, RS – Recife, PE – Rio de Janeiro, RJ
Salvador, BA – São Paulo, SP